传统名句选读

罗绪永　徐　洁／编著

江苏人民出版社

图书在版编目（ＣＩＰ）数据

传统名句选读 / 罗绪永, 徐洁编著. -- 南京 : 江
苏人民出版社, 2023.7
ISBN 978-7-214-28121-0

Ⅰ.①传… Ⅱ.①罗… ②徐… Ⅲ.①国学－名句－
通俗读物 Ⅳ.①Z126-49

中国国家版本馆CIP数据核字(2023)第071825号

书　　　名	传统名句选读
编　　　著	罗绪永　徐　洁
责 任 编 辑	张延安
出 版 发 行	江苏人民出版社
地　　　址	南京市湖南路1号A楼,邮编:210009
照　　　排	徐州绪权印刷有限公司
印　　　刷	徐州绪权印刷有限公司
开　　　本	787毫米×1 092毫米　1/16
印　　　张	14.75
字　　　数	198千字
版　　　次	2023年7月第1版
印　　　次	2023年7月第1次印刷
标 准 书 号	ISBN 978-7-214-28121-0
定　　　价	79.80元

（江苏人民出版社图书凡印装错误可向承印厂调换）

序

　　泱泱中华，文明之邦。历史悠久，源远流长。其间不乏令世人景仰的圣哲鸿儒，如孔子、孟子、老子、庄子……他们发自肺腑的隽语箴言如甘露琼浆滋润着国人的心田，启人心智，给人以莫大的精神滋养，让人们面对纷攘的人世选择适合自我的进退取舍：或积极投身于火热的生活，轰轰烈烈地干一番济世益民的大事业；或退隐田园，躬耕自给，追求淡泊、宁静的牧歌式生活；或埋首书斋，心无旁骛，醉心问学；或待人处世，人情练达，体悟人生，养心求道；或理性面对生死祸福、得失荣辱、动静变化；或止恶扬善，讴歌忠孝节义、仁信礼让。凡此等等，大师们无不耳提面命、谆谆以告，使人们从蒙昧无知、不知所措的境地走向精明睿智，自信从容地应对世间的一切。上述诸圣先贤虽然离开我们已悠悠数千载，但他们精辟、深邃的思想真谛却永远光耀千古，福泽后人。有感于此，我们不揣浅陋，精心编选这本《传统名句选读》，旨在弘扬中华传统文化精华，努力践行社会主义核心价值观。

　　本书共分"修德养心　精进不休"、"择善而从　力学笃行"、"睿智远略　察事明理"、"大爱无疆　天地有道"四个部分，每一部分都精选若干则寓意深、形式美、流传广的短句名言，加以注释、导读、品味，力求化难为易，古为今用，滋养身心。这里有如何"立德行世"、"正心修身"、"寡欲养心"、"闻知求道"等的迷津指点；有如何涵养"浩然之气"、"动心忍性"、"威武不屈"、"见贤思齐"等的深沉呼告；有如何"重诺守信"、"慎独重义"、"和而不同，泰而不骄"等的棒喝提醒；有如何"琢玉成器"、"笃志博学"、"温故知新"、"学礼敬人"等的殷殷叮嘱；有如何"择善而从"、"兼听远虑"、"取长补短"、

"知过能改"等的谆谆告诫。诸如此类，不胜枚举。这些短句名言，均是"文质彬彬"，当属"文字中的君子"，读者朋友可品味其"质"，也可欣赏其"文"。中小学生还可以借此提高文言文阅读能力，学习中国传统文化知识。

本书另附"德业修养导图"一张，供读者参考。表述未必准确到位，但每一位读者都可以针对性地对图中内容进行修改、补充，每一大项都可以再扩充若干小项，每一小项也可以再展开成若干更小的项，不断细化的结果将更有利于修养德能。同时附"国学知识自测题"若干，并附参考答案，意在满足有兴趣的读者一试身手的渴望与需求。

因水平、视野、精力等因素限制，本书虽数易其稿，考校再三，肯定还存在诸多不足，敬请读者提出宝贵意见，以便再版时改进完善。

去暑今秋读哲文，心神堪静嗅其芬。书成意兴情犹在，对否深谈自待君。

罗绪永　徐　洁

壬寅年仲秋

目　录

修德养心　精进不休

择善而从　力学笃行

睿智远略　察事明理

大爱无疆　天地有道

附　录

修德養心　精進不休

1. 君子以自强不息，厚德载物

【原文】天行健①，君子以②自强不息；地势坤③，君子以厚德载物。（《易经·象辞传上》）

【注释】①天行健：天道刚健。②以：用。自强：自我强胜。③坤：辽远，广阔。

＊《易经》即《周易》，是一本揭示变化的书，内容极其丰富，是中华文化之源、哲学之根，被誉为"群经之首，大道之源"，道家的"道法自然"和儒家的"中庸之道"都根源于此。易：变易。一说"易"就是生，"生生之谓易"（《易经·系辞》），易就是一个连续不断的生成过程。天地（即自然界）一刻不停地、永不间断地生成创造万物，"生生"正是自然天地基本的存在方式。

"一阴一阳之谓道"（《易经·系辞》）。阴阳是天地万物存在和发展的两个对立面，天地万物的运行法则是有常（常态，存在）就有变（变化，发展），有变就有常，其内含的两个对立面总是不断地阴阳互动、变化消长，"穷则变，变则通，通则久"（《易经·系辞》）。天道（万事万物乃至社会现象）运行就这么变与不变相统一，永恒不断地生生化化，"生生不息"。《易经》认为，既然世间万物都是变化着的，只有天道运行永恒变化"生生不息"的规律不变，那么人就应该遵"时"守"中"，有所作为，即效法天道，与天地万物的运动变化调频共振，顺时适变，无过无不及地不违天逆常，在顺天应地、和谐相通的一致性中，顺畅地实现人的生存和发展。

以《易经》为源头的中华传统文化的世界观和方法论，是中国文化的核心。这个核心包含对立统一、阴阳互根、此消彼长、物极必反等规律，包含自强不息、厚德载物、居安思危、乐天知足、和谐共生等中华文化的基本精神特征。

【导读】自然万物运行不止，刚劲强健，生生不息，君子应该效仿天道的运行规律，刚毅坚卓，不屈不挠，自强不息；大地有柔顺的特点，可以承载包容万物，君子接物度量要像大地一样宽广博大，厚实和顺，没有任何东西不能承载。

《易经》以乾、坤二卦代表天、地，天地即是自然，而人与自然是一个互相感应的有机体，"天人合一"。人既是自然家族的一员，又有别于天地间其他事物。人不仅像其他事物一样有"保存自我的冲动"，更有发展自我、成就自我的追求，不仅有简单的生存下去的物质需求，还需要更高层次的精神上的满足，而且会"裁成天地之道，辅相天地之宜"（《易经·系辞》），通过"裁成"、"辅相"天地自然来丰富其生命意义，达到其生命目的。

"君子以自强不息，厚德载物"出自《易经·象辞传上》乾卦、坤卦。乾卦代表积极的、向上的、扩张的、主导型的力量和事物，而坤卦代表的是柔顺的、内敛的、辅助性的力量和事物。君子应积极有为，勇于进取，进德修业，自强不息，有所作为，造福社会；接物度量要像大地一样宽广博大，可以包容一切，承载万物。"海纳百川，有容乃大；壁立千仞，无欲则刚。"（林则徐自勉联）

"天行健，君子以自强不息"是对中国古代刚健有为思想最好的概括。刚健有为、自强不息的积极进取精神是中国传统文化基本精神之一，作为中华民族生存和发展的强大精神支柱和动力，激励众多仁人志士为拯救民族危难、致力民族复兴而不懈奋斗。

"厚德载物"之"厚德"，强调内在德行的积累，以及由此催生的内在蕴含力量和自身生命境界的提升，这是"内圣"层面；"载物"则体现了利他精神的宽厚胸怀和担当意识与承载的能力，这是"外王"层面。"厚德载物"体现了儒家"内圣外王"理念，构筑了儒家在人格塑造和政治实践上的基本路径与方法。

民国时期，梁启超曾在清华大学作过《论君子》的演讲，并引用"自强不息"、"厚德载物"等话语来激励清华学子，"自强不息，厚德载物"

八个字遂逐渐演变为清华大学的校训，更被很多人引作座右铭。

2. 大学之道，在明明德

【原文】大学之道①，在明明德②，在亲③民，在止于至善④。

知止而后有定，定而后能静，静而后能安，安而后能虑，虑而后能得⑤。

物有本末，事有终始，知所先后，则近道矣⑥。（《大学》）

【注释】①大学：大人之学，圣贤之学。古人 8 岁入小学，学习洒扫、应对、进退之节，以培养其日常生活习惯和行为语言的礼节；学习礼、乐、射、御、书、数之文，以培养其生存、生活的基本技能与文艺素养。15 岁入大学，学习伦理、政治、哲学等"穷理正心，修己治人"之道，包括如何修养品德心性、树立理想抱负，如何成就事业、经世济民，等等。道：本意是道路，引申为规律、原则、根本、理念、道理、方法等。"道"是中国古代哲学中一个极为重要的概念，儒道两家都常以道隐喻自然法则，认为天地运行、万物生息都有其不以人的意志而转移的自然之道，做人行事要率性、遵道。道家认为，道德之德，就是按照道的法则用心地遵道而行，顺应自然而不违背其规律。②明明德：第一个"明"是动词，使……显明；第二个"明"是形容词，光明、清明的意思；明德，即先天固有的清明的美德。明德犹如《尚书·大禹谟》"人心惟危，道心惟微"中的"道心"，《中庸》"天命之谓性"的本然天性，孟子所说的四善端，王阳明所说的良知和佛学"明心见性"的佛性。人性中虽然固有这些正直勇敢、善良慈爱等积极向上的一面，同时也存在贪图享受、虚荣攀比、自私狭隘等私欲弱点、劣习恶性，所以要"明明德"，即发掘弘扬天然本性中仁和善良的品德，摒弃偏狭邪恶的诱惑，加强道德的自我完善，做到"大人者，不失其赤子之心者也"（《孟子·离娄下》）。③亲：当作"新"，使……革新。一说"亲近"。亲民：使（民众）不断地革旧更新、去恶从善。④止："止者，必至于而不迁。"至善：最完善的境界。在止于至善：指明德立己和使民众刷新进步，"皆当止于至善之地而不迁"。⑤知止：知道目的（即上文的"明明德"和"亲民"皆当"止于至善"）。定：指志有定向。静：宁静，即心不妄动。安：指所处而安。虑：思虑周详。得：实现目的，指达到至善。⑥本末：树的根本与末梢。知所先后：意指能够知道和把握本末和始终先后次序。"德者，本也；财者，末也。"（《大学》）朱熹说："明德为本，新民为末。知止为始，能得为终。本始所先，末终所后。"

*《大学》原本是《礼记》中的一篇，传为曾参作。曾参（公元前505—前436年），字子舆，春秋末鲁国武城（今山东平邑县）人，孔子的学生。后世称为"曾子"。

曾子在孔子弟子中以孝著称，认为孝是仁、义、礼的实际内容；仁、义、礼则是孝的表现，"孝立而万善从之"。孝道首倡于孔子，大兴于曾子，为后世继承和发扬，形成了以孝治天下的思想。

曾子继承孔子"求诸己"的思想，提出"内省"的修身方法，"三省吾身"成为历代圣贤修身的指导原则；曾子还将孔子的"己所不欲，勿施于人"的恕道发展为齐家、治国、平天下的"絜矩之道"。絜：度量。矩：画直角或方形用的尺子，引申为法度、规则。儒家以"絜矩"来象征道德上的规范。絜矩之道是以推己度人为标尺的人际关系处理法则，指内心公平中正，做事中庸合德。

【导读】《大学》的宗旨在于彰显弘扬光明正大仁和善良的品德，在于使大众弃旧更新、去恶从善，在于使人的品德达到最完善的境界。知道应该达到的境界才能够志向坚定；志向坚定才能够镇静不躁，心不妄动；镇静不躁才能够心安神凝；心安神凝才能思虑周详；思虑周详才能够有所收获。

每样东西都有根本、有枝末，每件事情都有开始和终结。明白了本末和始终的道理，就接近事物发展的规律了。

这是《大学》的开篇。"明明德"、"亲民"、"止于至善"被称为《大学》的"三纲领"：为学的宗旨在于弘扬光明正大的品德，使人革旧图新，最终达到完善的境界。"三纲领"既是《大学》全篇的纲领旨趣，是对正在格物穷理、正心修身的士子们进行道德教育所要达到的目标，也是儒学"垂世立教"的目标。"明明德"，是说立己，要弘扬彰显自身的本性之善；"亲民"，是说立人，要使民众弃旧图新，去恶从善；"止于至善"，是说立己立人都要达到道德上最完善的境界，就是"为人君止于仁，为人臣止于敬，为人子止于孝，为人父止于慈，与国人交止于信"（《大学》）。

中国传统文化是一种伦理型文化，也称崇德型文化，特别重视伦理道德在社会生活中的作用。

国学大师梁漱溟先生在归纳中国文化要义时说，中国文化"融国家于社会人伦之中，纳政治于礼俗教化之中，而以道德统括文化"。

著名历史学家钱穆先生说："中国传统文化，彻头彻尾，乃是一种人道精神、道德精神……这一种道德精神乃是中国人所内心追求的一种做人的理想标准，乃是中国人所向前积极争取到达的一种理想人格。要做人，得在人群中做，得在家庭、社会、国家乃至天下人中做。要做人，必得单独个人各自去做……要做人，又必须做一有德人，又必须一身具诸德……人处家庭中，便可教孝，处国家及人群任何一机构中，便可教仁、教敬。人与人相交接，便可以教信。故中国传统文化精神，乃一切寄托在人生实务上，一切寄托在人生实务之道德修养上，一切寄托在教育意义上。"

著名学者柳诒徵先生说："孔子所学，首重者曰成己，曰成人，曰克己，曰修身，曰尽己。"

在儒家看来，人之所以不同于一般动物，是人具有德性生命精神，重情守义，讲究人伦关系，存在道德和政治方面种种规范。"修之于身，其德乃真；修之于家，其德乃余……修之于天下，其德乃普。"（《道德经·第五十四章》）"天下之本在国，国之本在家，家之本在身。"（《孟子·离娄上》）所以儒家文化十分重视个体道德修养和道德理想人格的塑造，关注的中心是提高人的素质和精神境界，强调要修养品德，学会做人，积极入世，内圣外王。深受儒家思想影响的中国人在人生目的与意义方面，更注重对仁德的追求，更重视君子之道的学习和修养。

当道义与利益、德性精神与感性欲求发生冲突时，志士仁人会舍弃利益欲求甚至生命而致力于对道义和德性的追求，孟子称之为"舍生取义"。这在今天仍然具有极好的借鉴意义。

3. 君子先慎乎德

【原文】是故君子先慎乎德。有德此有人，有人此有土①，有土此有财，有财此有用②。德者，本也；财者，末也。外本内末，争民施夺③。是故财聚则民散，财散则民聚。是故言悖④而出者，亦悖而入；货悖而入者，亦悖而出。（《大学》）

【注释】①此：乃，才。②用：指供日常使用的各项货物。③争民施夺：争民，与民争利。施夺，施行劫夺。④悖：逆。

*《大学》原本是《礼记》中论述修身、齐家、治国、平天下的一篇文章，自唐代韩愈推崇《大学》与《中庸》，至北宋程颐、程颢兄弟的宣扬，再到南宋朱熹把《中庸》《大学》从《礼记》中抽出，与《论语》《孟子》并列，并撰《四书章句集注》，《大学》便成了"四书"之一，而且朱熹认为《大学》是儒学的入门读物，所以把《大学》列为"四书"之首。宋元以后，《大学》成为学校官定的教科书和科举考试的必读书。

"四书"中的《论语》是孔子弟子和再传弟子对孔子及弟子言论的汇集；《大学》是孔子弟子曾参整理孔子讲授的内容而成；《中庸》是孔子的孙子、曾参的学生子思所作，是"孔门传授心法"的著作；《孟子》是孟子及其弟子整理、记录孟子言行的著作，孟子受业于子思的门人。《论语》—《大学》—《中庸》—《孟子》，孔子—曾参—子思—孟子，一脉相承的思孟学派逐步成为儒家诸学派中最权威的思想体系，特别是宋代以后，对传统中国教育、政治、社会生活诸多方面都产生了巨大而深远的影响，孟子也被推到了"亚圣"的位置。

【导读】所以君子首先注重修养德性。有道德才会有人拥护，有人拥护才能有土地，有土地才会有财富，有财富才能够供给日用。道德是根本，财富是枝末。假若轻根本而重枝末，那就会和老百姓争利而强行掠夺。所以君王聚敛财富，民心就会失散；君王散财于民，民心就会聚在一起。这正如说话背离道理，也会有背离道理的话回报；财货悖逆情理而来，也会悖逆情理而去。

"君子先慎乎德"，修养身心、践行道德是君子的优先追求。"熹窃观古昔圣贤所以教人为学之意，莫非使之讲明义理，以修其身，然后推己及人。"（朱熹《白鹿洞书院教条》）这反映了中国传统文化一个主要特点：重德崇礼。德者，得也。有"德"才可以有"人"、有"土"、有"财"、有"用"，充分说明了伦理道德在社会生活与政治治理和进步中的作用。君子大人注重修养德性、自强不息，凝聚人心、汇聚资源，在此基础上建功立业，实现自己的人生价值。

即便是高德圣贤，生命也是有限的，如何以有限的生命实现更大乃至永恒的人生价值？《左传·襄公二十四年》有云："太上有立德，其次有立功，其次有立言。"立德就是修养品德，做一个品高德馨的人，为他人和社会树立一个道德的榜样；立功就是做事，为国家建功立业，惠泽大众；立言就是著书立说，为他人和社会留下足以"载道"之言，将自己的精神传递下去。立德、立功、立言被称为人生"三不朽"，是以短暂的生命获得人生永恒价值的三种方式。

至于如何立德，《易经》有云："君子以成德为行，日可见之行也……君子学以聚之，问以辩之，宽以居之，仁以行之。"君子以成就道德作为行动的目标，要体现在日常可见的行为中……君子要学习知识、提高能力，并将其积累起来，遇到疑问，要通过请教、辩论来找出真相；对待周围的人，要有宽宏大量的气度，日常行为要以仁爱为准则。"知、仁、勇，天下之达德也"（《中庸》）；"好学近乎知，力行尽乎仁，知耻尽乎勇"（《中庸》），好学上进可以提升智力，努力实践接近于仁，知道廉耻并及时改正接近于勇。当然，立德之道远不止这些，儒学对此有详尽的阐述，须慢慢体会践行。

4. 克明峻德

【**原文**】《康诰》曰："克明德①。"

《大甲》曰："顾諟天之明命②。"

《帝典》曰："克明峻德③。"皆自明也④。(《大学》)

【**注释**】①康诰：《尚书》中的一篇。克：能够。明德：彰显德性。②大甲：《尚书》中的一篇。顾：念念不忘。諟（shì）：这个。明命：即明德，古人认为美好品德是天赋人性，故称"明命"。③帝典：即《尚书·尧典》。峻德：大德。峻，大。"帝尧……克明峻德，以亲九族。九族既睦，平章百姓。百姓昭明，协和万邦。黎民于变时雍。"(《尚书·尧典》) 意思是："帝尧……能发扬大德，使家族亲密和睦。家族和睦以后，又辨明其他各族的政事。众族的政事辨明了，又协调万邦诸侯，天下众民因此也就相递变化友好和睦起来。"④自明：弘扬自己本具的清明美德。

★《尚书》又称《书》《书经》，是我国第一部上古（夏商周）历史文件和追述古代事迹著作的汇编，是历代统治者治理国家的"政治课本"和理论依据，也是儒家五经之一。《尚书·大禹谟》所载的"人心惟危，道心惟微；惟精惟一，允执厥中"，即中国传统文化著名的"十六字心传"，意思是："人心（人的贪欲）是危险难安的，道心（人的良知）却微妙难明。惟有精心体察，专心守住（道心），才能坚持一条不偏不倚的正确路线。"因为"道心惟微"而"人心惟危"，所以"自天子以至于庶人，壹是皆以修身为本"，以免被各类贪欲遮蔽明德良知。"十六字心传"被称为儒学精髓所在，是《中庸》的核心与纲领。谟：说。

【**导读**】《康诰》说："能够弘扬光明的品德。"《太甲》说："念念不忘这上天赋予的明德使命。"《尧典》说："能够弘扬崇高的品德。"这些都是说要弘扬自己光明正大的品德。

引用《尚书》"克明德"、"顾諟天之明命"、"克明峻德"几句话，目的是说明从夏、商、周三皇五帝时代就开始强调要"明明德"，在此基础上进一步强调"皆自明也"——要念念不忘地、由衷地将天命赋予人性的至善美德外化到言行之中，自立立人，从而实现君子、贤人甚至圣人的人生价值。

从总体上说，中华文明从一开始就是一种以人本精神为基石的人类文明，中国文化人文精神强调人不是神的奴隶，不受外在力量、命运的主宰，决定人的命运和价值的根本因素是人自己的德行，追求人格的完美，追求人伦的幸福，追求人与自然的和谐便成为中华文化的核心价值取向。"德"是人之本，影响甚至决定人的前途、福祉，所以中国传统文化特别重视修身养德、厚德载物。自强不息、厚德仁爱是中国传统道德的核心理念之一，"明明德"、"内圣外王"是圣贤大德的人生追求。

"惟德动天，无远弗届。"(《尚书·大禹谟》)只有道德的力量可以感动天地，再远的地方都能到达。子曰："德之不修，学之不讲，闻义不能徙，不善不能改，是吾忧也。"(《论语·述而第七》)《国语》云："不厚其栋，不能任重。重莫如国，栋莫如德。"不是粗大的栋梁，不能承担重压。最重的压力莫过于国家，最好的栋梁莫过于道德。

"以力服人者，非心服也，力不赡也；以德服人者，中心悦而诚服也。"(《孟子·公孙丑上》)仗恃实力来使人服从的，人家不会心悦诚服，只是因为他本身的实力不够的缘故；依靠道德来使人服从的，人家才会心悦顺服。

5. 内圣外王

【原文】古之欲明明德于天下者，先治其国；欲治其国者，先齐其家①；欲齐其家者，先修其身；欲修其身者，先正其心②；欲正其心者，先诚其意③；欲诚其意者，先致其知④；致知在格物⑤。物格而后知至，知至而后意诚，意诚而后心正，心正而后身修，身修而后家齐，家齐而后国治，国治而后天下平。

自天子以至于庶人，壹是皆以修身为本⑥。其本乱而末治者，否矣⑦；

其所厚者薄，而其所薄者厚⑧，未之有也⑨。(《大学》)

【注释】①齐其家：管理好自己的家族，使家族和和美美，兴旺发达。齐，整治。家，家族。②正：端正。心：内心、心术。③诚其意：指表里如一不自欺。意，心意、意识。诚，诚实、诚信。"诚，信也。"(《说文》)④致知：指提高认知，识事明理。致，至，获得。知，知识，认知。⑤格：研究。物：事物及其规律。⑥壹是：全部都是。⑦本：修身。末：指齐家、治国、平天下。否：不存在。⑧厚：重视。薄：轻视。⑨未之有也：即未有之也，没有这样的事情（道理、做法等）。

【导读】古代那些想在天下弘扬光明正大品德的人，先要治理好自己的邦国；要治理好自己的邦国，先要管理好自己的家族；要管理好自己的家族，先要修养好自身的德行；要修养好自身的德行，先要端正自己的心术心态；要端正自己的心术心态，先要使自己心意真诚不自欺；要使自己心意真诚不自欺，先要丰富自己的知识、益智明理；丰富自己知识、益智明理的途径在于亲自实践、研究认知万事万物。通过对事物的研究，才能认知其原理；认知事物的原理，才能益智明理、心意真诚；心意真诚，心思才能端正；心思端正，才能修养好德行；德行修养高，才能管理好家族；家族管理好了，才能治理好邦国；治理好邦国后，天下才能太平。

上至天子君王，下至平民百姓，都是把修养自身的品性作为根本。如果（修养品性）这个根本被扰乱了，家国天下却得到了治理，这是不可能的。应该重视的不重视，不应该重视的反而很重视，从来没有这样的道理和做法。

《大学》开篇即明确大人为学的宗旨是"明明德"、"亲民"、"止于至善"，同时提出修德养性六步骤：止、定、静、安、虑、得，强调要立德为本，知所先后。节选的这两段文字则具体地明晰了"格物、致知、诚意、正心、修身、齐家、治国、平天下"人生修身进阶"八条目"，进一步强调"自天子以至于庶人，壹是皆以修身为本"。"三纲领"、"六步骤"、"八条目"充分展示了儒学所倡导的大人君子"修齐治平之道"。

　　格物、致知、诚意、正心是内修，齐家、治国、平天下是外治。内修需通过格物致知提升能力、益智明理、诚意正心、修心养性，外治是将内在的道德修养和知识技能应用于其所从之事，诸如教师的教书育人、医生的治病救人、科学家的发明创造，甚至普通人的扶老携幼过马路，等等。

　　内修外治就是内化于心，外化于行。内修的最高境界是德如圣者，外治的最大成就是成就王业，内在修为的高低决定外在事功的大小。这就把个人道德修养、知识技能提升和建功立业、社会政治连成了一个有机整体：一方面，道德修养好、知识技能高是获取政治前途、施展个人抱负的前提条件，内修因而受到普遍的、足够的重视；一方面拥有较高的道德修养与良好的知识技能有可能使权力的使用更加规范、合理和有效，使德政成为可能。但我们也应该看到，无论是历史长河里，还是现实生活中，怀才不遇和小人得志、低能高位、德不配位都大有人在。但不管怎么说，古往今来，从下到上，积极努力地提升个人道德品质和知识技能，都是实现理想抱负和人生价值的重要途径。儒学倡导的修齐治平之道，大大提升了中国古人德而政、贤而政以及政而德、政而仁、政而公的可能性，这对中国古代的教育、政治以及个人修养、社会生活等诸多方面都产生了巨大而深远的影响。

　　《大学》提出内修从格物入手，"日可见之行也"。广义地说，格物包括"格人"。格人先格己，格己才能知己，才能更好地明理诚意，推己及人，才能仁爱和善、允执厥中。

　　如何格物内修？儒家讲究"定境观心"、"放事上琢磨"（王阳明），就是在生活中修养，研究身边的、具体的人和事，特别是在特定情境下格自己的情、欲、念。情，指情绪的波动；欲，指欲望和言行举止的目的；念，指起心动念。

　　格物内修的目的是致知、诚意、正心、知己，在知己基础上修养品德；是修己以安人、修己以安百姓；是在具体事务上提升自己的道德修养和认知与能力。格物修身的关键是要诚意正心。诚意就是心意诚恳不自欺，不自欺才能真正"倾听自己内心"，才能真实感知自己内心的情、欲、念；正心就是无邪，是端正自己的心术心态，使自己的情、欲、念不受外界人和事的影响，也不受自己私心妄念的影响。在诚意正心基础上"静坐思心"，就是曾子的"吾日三省吾身"、孟子的"反求诸己"。静坐思心、反求诸己，才能有针对性地不断修正自己的情、欲、念，使之在任何情况下都可以"发而中节"、"君子而时中"，才能有针对性地总结待人做事的得失，不断增长自己的知识、提升自己能力和道德修养的境界。

根据现有资料，"内圣外王之道"一语最早出现于《庄子·天下》，指君王于己应内修圣人的才德，治国应该施行王道。其实，孔子和孟子时期的儒家思想就已经体现了内圣外王的特质。子路问君子。子曰："修己以敬。"曰："如斯而已乎？"曰："修己以安人。"曰："如斯而已乎？"曰："修己以安百姓。修己以安百姓，尧、舜其犹病诸！"（《论语·宪问第十四》）"修己以敬"可理解为内圣之事，"修己以安人"、"修己以安百姓"可看作是外王之事。而且儒学所说的内圣外王，不但适应于君王，也适用于天下所有人。外王是内圣的目的和结果，内圣是外王的前提和根本，所以无论是君王圣贤还是黎民百姓，都应以内修为本。这种内在的修为，既包括知识和能力层面的修行提升，更包括人格道德境界的修养升华，而格物是内修的抓手和方法。

6. 苟日新，日日新

【原文】汤之盘铭①曰："苟日新，日日新，又日新②。"

《康诰》曰："作新民③。"

《诗》曰："周虽旧邦，其命维新④。"

　是故，君子无所不用其极。（《大学》）

【注释】①汤之盘：商汤时的沐浴用具。铭：铭文。②苟：如果。新：本义是洗浴除垢，此处引申指精神上的弃旧图新。日日新：每日自新。又：不间断。③作：塑造，造就。④《诗》：《诗经·大雅·文王》。此句译为：周国虽是古老的邦国，却能不断使人民更新德性，最终秉承天命，成为天下共主。其命：指周朝承受天命取代殷商。维：助词。⑤无所不用其极：致力于追求至善而不遗余力。其极：指"至善"。

【导读】商汤王刻在洗澡盆上的箴言说："如果能够一天新，就应保持天天新，新了还要更新。"《康诰》说："激励人弃旧图新。"《诗经》说："周朝虽然是旧的邦国，却禀受了新的天命。"所以，品德高尚的人竭尽所能地追求至善。

"大学之道，在明明德，在亲民，在止于至善"，"明明德"和"亲民"都不是一蹴而就的，格物、致知、诚意、正心、修身、齐家、治国、平天下，整个内修外治、内圣外王的过程都是递进向上的、无限无息的过程，所以要"日日新"，即动态地、不断地革旧图新。《易经·系辞传》云："日新之谓盛德"，每天都在进步是大德。"日日新"、"作新民"是"止于至善"的内在要求，无论是得意还是失意，不管何时何地，君子都要竭尽所能地修养心性，"皆当止于至善之地而不迁"。

7. 正心修身

【原文】所谓修身在正其心者。身有所忿懥①，则不得其正；有所恐惧，则不得其正；有所好乐②，则不得其正；有所忧患，则不得其正。心不在焉，视而不见，听而不闻，食而不知其味。此谓修身在正其心。（《大学》）

【注释】①懥（zhì）：怒貌也。②好乐：喜好，逸乐。

【导读】修养身心的关键在端正自己的心思，使心正无邪。如果心有愤怒就不能够心正无邪，心有恐惧就不能够心正无邪，心有喜好就不能够心正无邪，心有忧患就不能够心正无邪。心思不端正，思想不集中，虽然在看，却像没看见一样；虽然在听，却像没听见一样；虽然在吃东西，却食而不知其味。这就是所谓的修养身心，关键在于端正思想，心正无邪。

儒学提出"自天子以至于庶人，壹是皆以修身为本"，"内圣"才能"外王"，同时也给出了一系列修身养德的方法、路径、"注意事项"。如《大学》的人生修身进阶"六步骤"、"八条目"，如"仁远乎哉？我欲仁，斯仁至矣"（《论语·述而第七》），"为仁由己，而由人乎哉"（《论语·颜渊第十二》），"弟子入则孝，出则弟，谨而信，泛爱众，而亲仁"（《论语·学而第一》），"欲修其身者，先正其心；欲正其心者，先诚其意……所谓诚其意者，毋自欺也。如恶恶臭，如好好色，此之谓自谦"（《大学》），"养心莫善于寡欲"（《孟子·尽心章句下》），"天命之谓性，率性之谓道"、"诚者，天之道也。诚之者，人之道也"、"忠恕违道不远"、"博学之，审问之，明辨之，笃行之"（《中庸》），"种树者必培其根，种德者必养其心"（《王阳明《传习录》），等等。

"正其心"，即心志、心意、心思、心术、心愿要不受自己私心妄念与外界人和事的影响，客观端正，"无邪"、"无妄"。邪恶奸诈、阴谋诡计、巧言令色等等都属于"心术不正"。子曰：《诗》三百，一言以蔽之，曰'思无邪'。"（《论语·为政第二》）"思无邪"，即思想纯正，没有邪念。"人心惟危，道心惟微。"（《尚书·大禹谟》）惟有精心体察，护养道心、正心养气，才能坚持一条不偏不倚、恰到好处的正确路线。

8. 入则孝，出则弟

【原文】子曰："弟子入则孝①，出则弟②，谨而信③，泛爱众，而亲仁④。行有余力⑤，则以学文⑥。"（《论语·学而第一》）

【注释】①弟子：一指年幼之人，弟系对兄而言，子系对父而言，故曰弟子。二指学生。此处取前义。古时父子分室居住，学习则在外舍。入：指进到父亲住处，或指在家。②出则弟：用悌道对待尊长。出，与"入"相对而言，指外出拜师学习。弟，即"悌"，敬顺。③谨：寡言少语称之为谨。④泛：广。亲：接近。仁：指具有仁德的人，即温和、善良的人。

此处形容词用作名词。⑤行有余力：指有闲暇时间或剩余的精力。⑥文："古之遗文"或曰"道艺也"，主要指《诗》《书》《礼》《乐》《易》《春秋》等文献、文化知识。又不止于此，还包括古代圣贤的智能、经验，等等。

*《论语》是孔子弟子和再传弟子对孔子及其弟子言行的汇集，不成于一人一时。"论"是论纂、选择的意思，"语"是语言的意思。

《论语》是孔子思想得以保存的先秦文献之一。宋儒朱熹将《论语》《中庸》《大学》《孟子》并列而称"四书"，元代以后"四书"成为科举考试的内容，《论语》成了读书人的必读经典之一。

孔子（公元前551—前479年），名丘，字仲尼。春秋时期鲁国陬邑（今山东曲阜）人，儒家学派创始人，著名思想家，卓越的教育家，中国传统文化的伟大代表。古人云："天不生仲尼，万古长如夜。"著名学者柳诒徵先生认为"无孔子则无中国文化，自孔子以前数千年之文化，赖孔子而传；自孔子以后数千年之文化，赖孔子而开"。

孔子的文化思想涉及诸多方面，其中最突出的就是"仁"和"礼"，孔子还提出了"中庸"和"德治"的主张。汉朝独尊儒术，实际上把儒家思想抬升到一种统治的意识形态，儒家思想开始长期居于中国传统文化的主体地位，孔子及儒家得以逐步塑造了整个传统中国社会的基本形态。

孔子及其所开创的儒家学说，对中国乃至整个人类社会产生了深远的影响。

【导读】孔子说："弟子们在父母跟前，就孝顺父母；出门在外，要顺从尊长，谨言慎行，诚实可信，要广泛地去爱众人，亲近那些有仁德的人（向他们学习）。这样躬行实践之后，还有余力的话，再去学习文献、文化知识。"

农耕社会的特性和生存地理环境的影响，使家族成为古代中国人生活和交往的最基础层面，然后由家族向外发散，形成更广泛的社会生活与交往。

要获得良好的生活与交往，首先要修成良善的、让人愉悦的品德，要"孝"、"悌"、"仁"、"义"、"礼"、"信"等，还要"文"——拥有较高的文化、"道艺"。修养"孝"、"悌"、"仁"、"义"等可以说是"德育"，学习文献文化知识和先贤的智能与经验等，可以说是"智育"，先德育后智育，德育第一，智育第二。

在古代，一个人生活交往的类型无外乎五种：父子、夫妇、兄弟、君臣、朋友，孟子提出了五条交往原则（五伦）：父子之间重骨肉之亲，夫妻之间讲恩爱之情和内外有别，兄弟之间论长幼之序，君臣之间守礼义之道，朋友之间持诚信之德。显然，父慈子孝是五伦中最基础、最重要的一伦，"孝"是最基础、最重要的美德。

孝是个象形字，"老"与"子"和"上"与"下"的意象，表达了尽心尽力奉养和服侍父母的本义，也有尊亲敬老和晚辈对故去尊长的忆念、祭祀等意思。《说文解字》对孝的解释为："善事父母者，从'老'省，从'子'，子承老也。"意思是说，孝就是用心去服侍父母。"孝，天之经也，地之义也，民之行也。"（《孝经》）意思是：孝道是上天规定的原则，大地运行的正理，百姓行为的依据。《礼记》有云："孝者，畜也。顺于道，不逆于伦，是之谓畜。"孝就是养，遵从道义，不违背人伦，就是奉养。儒学之孝包括三条：为天地尽孝，为圣贤尽孝，为父母与祖先尽孝。

"天地之性，人为贵。人之行，莫大于孝。"（《孝经》）天地间的万千生物，最贵重的是人。人的行为，没有比孝行更重要的。孔子施教，"先之以《诗》《书》，导之以孝悌"（《孔子家训·弟子行》）。孟子则说"亲亲而仁民，仁民而爱物"。

从孝悌出发推而广之地爱人、敬事、爱物，就是仁爱；爱人、敬事、爱物得以普及，形成风气，家国就和谐，社会就美好。所以伦理学家谢幼伟提出"中国文化在某一意义上可谓为孝的文化"。梁漱溟先生也强调指出，"孝是中国文化的根荄（gāi，草根）所在"。

我国孝文化历史悠久。上古舜帝之孝感动天地，西周时期已逐步形成基本稳定的孝道习俗，《诗经》"哀哀父母，生我劬劳（qú láo，劳累。劬：劳苦；勤劳）"等句就是告诫人们，父母生养子女非常辛苦，要懂得感恩，对父母尽孝。先秦孔孟儒学进一步丰富充实了孝文化，强调孝包括"敬养"、"无违"、"谏诤"、"传承"等基本内涵。

对父母尽孝，一要养之以敬，二要事之以礼。前者强调内心情感要真，后者突出外在行为要敬，核心都是一个"爱"。孝不仅仅是简单的物质满足，真正的孝，是内心之爱的真情流露，是爱而敬，是爱而礼。子夏问孝。子曰："色难。有事，弟子服其劳；有酒食，先生馔，曾是以为孝乎？"（《论语·为政第二》）子游问孝。子曰："今之孝者，是谓能养。至于犬马，皆能有养；不敬，何以别乎？"（《论语·为政第二》）意思是说，始终对父母和颜悦色是最难的。有事情，晚辈尽力地效劳；有酒菜，让长辈去吃喝。仅仅这样竟然就可以认为尽孝道了吗？现在所说的孝道，好像能养活父母就行了。但是饲养狗和马，都给它吃饱。如果对父母缺乏敬爱之心，怎么区别孝敬父母和饲养狗马？

无违，是指子女对父母有益的教导要听从，对父母生前的孝敬和死后的埋葬与祭祀，都要严格按照礼仪制度办事。"生，事之以礼；死，葬之以礼，祭之以礼。"（《论语·为政第二》）但"事父母几谏，见志不从，又敬不违，劳而不怨"（《论语·里仁第四》）。父母有了过错，子女要态度和蔼、委婉地微言相劝，如果他们不听或自己的意见遭到拒绝，也要恭恭敬敬，不要顶撞父母，惹他们生气。

传承是指子女对父母除了有赡养义务，还有传承家风的责任。"夫孝者，善继人之志，善述人之事者也。"（《中庸》）所谓孝，就是善于遵循先人的志向，善于继承先人的事业。

孟子则进一步具体化了孝道行为并拓展了孝道范畴。"世俗所谓不孝者五：惰其四支（肢），不顾父母之养，一不孝也；博弈好饮酒，不顾父母之养，二不孝也；好货财，私妻子，不顾父母之养，三不孝也；从（纵）耳目之欲，以为父母戮，四不孝也；好勇斗很（狠），以危父母，五不孝也。"（《孟子·离娄下》）而"老吾老以及人之老，幼吾幼以及人之幼"（《孟子·梁惠王上》）更体现了孟子推己及人、泛爱众的仁爱孝道理念。

汉代出现的《孝经》提出了珍爱自己、谨身节用以养父母的孝道理念。"用天之道，分地之利，谨身节用，以养父母，此庶人之孝也。"（《孝经·庶人》）普通老百姓践行孝道，在日常生活中应当遵从行为谨慎、节省简约的基本原则，以此来孝养父母。"身体发肤，受之父母，不敢毁伤,孝之始也。"（《孝经·开宗明义》）对生命持有敬畏之情、爱惜之意，也是对父母的尊敬与爱戴。稍不顺心就自残甚至自杀等一切漠视生命、残害生命的行为都是与孝道准则相违背的。

"战阵无勇，非孝也。"（《礼记》）"夫孝，始于事亲，中于事君，终于立身。"（《孝经·开宗明义》）孝道的践行，开始于侍奉双亲，发展于服务国家，完成于修养自身。把对长辈的孝顺升华到对祖国的忠诚，将个人层面的"小孝"升华到国家层面的"大孝"。这些思想进一步丰富发展了传统的孝道观。

自古以来，中国人就提倡孝老爱亲，倡导老吾老以及人之老、幼吾幼以及人之幼。我国现行的《宪法》《婚姻法》《继承法》等法律法规也在法律法规层面上提倡孝道观念。热爱生活、乐观向上，孝老爱亲、助人为乐，自强不息、与时俱进，以强烈的责任感和使命感服务社会、忠于国家，是新时期孝道观的应有内涵。

9. 积善之家，必有余庆

【原文】积善之家，必有余庆①；积不善之家，必有余殃②。（《易经·传文·坤文言》）

【注释】①庆：福，吉庆。②殃：灾祸。

*《易经》即《周易》，内容极其丰富，是中国传统思想文化中自然哲学与人文实践的理论根源，是古代汉民族思想、智慧的结晶。全书分为"经文"和"传文"两部分，"经文"包括六十四卦符号，以及与之相关的卦辞、爻辞。"传文"包括《文言传》《彖（tuàn）传》《象传》等。"传"是对"经"的内容的解说。

【导读】积累善行善德的家族，其福报绵绵不绝，家族的后代也会承受福报；常做不善之事的家族，会经常发生灾祸，甚至连累后代。

"天道无亲，常与善人。"（《道德经·第七十九章》）天理公道，无亲昵，不偏私，常使善良之人获得厚福。"世间数百年旧家，无非积德；天下第一件好事，还是读书。"（清代名联，据说是嘉庆年间姚文田自题书房联）"夫修善立名者，亦犹筑室树果，生则获其利，死则遗其泽。"（《颜氏家训·名实》）那些广修善事以树立名声的人，就好比是建筑房屋栽种果树，活着时能得到好处，死后也可把恩泽施及子孙。

常言道"德不配位，必有灾殃"，"善有善报，恶有恶报，不是不报，时辰未到"，"与人为善，福报自来"，"心存善念，天必佑之"。《易经》曰"善不积不足以成名，恶不积不足以灭身"；道家说"祸福无门，唯人自召"；荀子说"积善成德，而神明自得，圣心备焉"；老子说"天道无亲，常与善人"。《朱子治家格言》则说"伦常乖舛（guāi chuǎn 谬误；差错），立见消亡"。

"诸恶莫做，众善奉行"，"但行好事，莫问前程"。起善念，施善行；恒生善念，常施善行；乐见善人，乐闻善事，乐道善言，乐行善行；世间第一好事，莫如救急济贫。"勿以善小而不为，勿以恶小而为之。"

说话做事利己利他即为善，于己未必有利但于他人、于社会有利则为大善；势可为恶而终不为恶也是一种善；行不害人是善，语不伤人也是善……心善人行善，心恶人行恶，善恶只在一念之间，所以要时时护养道心。

10. 勿以善小而不为

【原文】小人以小善为①无益②而③弗④为也，以小恶为无伤而弗去⑤也，故恶⑥积而不可掩⑦，罪大而不可解。（《易经·系辞下》）

【注释】①为：做，干。②益：利益，好处。③而：表因果，犹因而，所以。④弗：不。⑤去：除去。⑥恶：罪过，罪恶。⑦掩：遮没，遮蔽。

【导读】小人认为小善做了也没有什么好处因而不去做，认为小恶做了也无伤大体因而不愿意戒除，因此恶行越积越多就掩盖不了，罪恶越积越重就不能够解脱。

"善不可谓小而无益，不善不可谓小而无伤。"（贾谊《新书·审微》）"不以恶小而为之，不以善小而不为。"（《三国志·蜀书·先主传》）"树德莫如滋，去疾莫如尽。"（《左传·勾践灭吴》）"善不积，不足以成名；恶不积，不足以灭身。"（《易经·系辞下》）好事不怕做得多，坏事只怕除不尽。行恶如磨刀之石，不见其消但日有所损，量变会引起质变，所以要多积"小善"，务去"小恶"。

11. 君子务本

【原文】子曰："听讼①，吾犹人②也；必也使无讼乎！"无情者不得尽其辞③，大畏民志④。此谓知本⑤。（《大学》）

【注释】①听讼：听诉讼，即审案子。②犹人：与别人一样。③无情者不得尽其辞：使隐瞒真实情况的人不能够花言巧语。情，真实情况。尽其辞，信口雌黄。④民志：民心，人心。⑤此谓知本：这就叫知道本末。

【导读】孔子说："听诉讼审理案子，我也和别人一样，目的在于使诉讼不再发生。"让隐瞒真实情况的人不敢花言巧语，使民众内心敬服而知修身趋善，这就叫做抓住了根本。

"听讼，吾犹人也；必也使无讼乎！"引自《论语·颜渊第十二》，这里以孔子谈诉讼的话来阐发"物有本末，事有终始"的道理，强调"君子务本"，"自天子以至于庶人，壹是皆以修身为本"。

审案的根本目的是什么？是"使无讼"，即不再发生案子。审案只是手段，或者说是"末"，使人心理畏服而知修身、得教化，确立良好的道德品质，不再发生案子才是目的，才是"本"。显然，《大学》引用孔子审案的话另有深意，这个深意就是类比教化与治理、修身与齐家治国平天下，从而说明教化是本，治理是末；修身为本，齐家、治国、平天下是末。

12. 朝闻道，夕死可矣

【**原文**】子曰："朝闻道①，夕死可矣。"

子曰："士志于道，而耻恶衣恶食者，未足与议也②。"（《论语·里仁第四》）

【**注释**】①道：仁道，真理，真谛。②耻：以……为耻。足：值得。

【**导读**】孔子说："早晨明晓了真理，纵然当晚死去也是值得的。"

孔子说："有志于探求真理，但以衣食差为羞耻的读书人，是不值得与他讨论的。"

孔子曾说"吾从周"，而周崇德尚礼，以德和礼分别从内和外约束、规范人的言行。孔子的"从周"，就是要"复周礼"，一方面是恢复礼的制度，从外部规范人的言行，另一方面是大力倡导修仁德，以仁爱促使人发自内心地、自觉地守义行礼。"仁德"是以孔子为代表的儒家思想的核心，孔子将仁视为个人学问、道德修养的最高境界，是人生价值的核心和安身立命之本，甚至"志士仁人，无求生以害仁，有杀身以成仁"（《论语·卫灵公第十五》）。

闻道之"道"，是仁道的意思。也有人认为是指社会政治的最高原则和做人的最高准则。闻，是觉悟的意思。闻道就是觉悟了仁道，得成圣贤之道，达到了学问、修养的最高境界，那是何等的幸运和圆满，所以说"朝闻道，夕死可矣"。

志于道，就是有志于得成圣贤之道。"知止而后有定，定而后能静，静而后能安，安而后能虑，虑而后能得。"（《大学》）立志向、定目标，把心定在修学上，凝心静神，不生杂念，才能"安"能"虑"，虑而后能得成圣贤之道。但某个"志于道"的士，却在衣食生活受用方面挑剔讲究，甚至以吃穿不好为耻，说明其心仍在名利，"志于道"是假。

既然其心不在"道"，与他谈"道"还有什么意义？当然"未足与议也"。

13. 士不可以不弘毅

【原文】曾子曰："士不可以不弘毅①，任重而道远②。仁以为己任，不亦重乎？死而后已，不亦远乎？"（《论语·泰伯第八》）

【注释】①弘：广大，指心胸宽大。毅：刚毅，坚强。②任：负担。道：路途。

【导读】曾子说："士不可以不胸怀宽大、意志坚强，因为肩负的使命重大，路程又很遥远。以行仁作为自己的任务和使命，（这个使命）不是很重大么？行仁的使命一直要肩负着，一直到死的时候才停止，难道路程还不遥远么？"

士在古代是一个特殊群体，在周代是贵族（天子、诸侯、大夫、士）中最低一级，和其他贵族一样，接受《诗》《书》《礼》《乐》的教育。春秋战国时期，士多为卿大夫的家臣，此时的士，虽为道义的承担者、文化的传承者，他们以智用世却无权无势，有的士不得不以丧失思想的独立、心灵的自由为代价以谋求当权者的信任，少数人甚至"无礼义而唯权势之嗜"（荀子）。所以孟子适时提出并坚守"士君子"文化，即重节操、讲道义、有风骨——士要"养气"："吾养吾浩然之气"，"穷不失义，达不离道"；要"尚志"："养其小者（指声色货利、物质欲望）为小人，养其大者（指人格和道德修养）为大人"，"无以小害大，无以贱害贵"，"先立乎其大者，则其小者弗能夺也"。

孔门所说的士，偏指德行和政事比较突出的人。德行突出的士，"仁以为己任"——学为人师，行为世范，不仅自己行仁，还要向社会推广仁道，让大众一起行仁，而且这个"仁以为己任"是"死而后已"，"任重而道远"。所以士不仅要"弘"，而且要"毅"，要破除自私自利，断掉无妄杂念，做到心胸广大、刚毅坚强，矢志不渝、义无反顾，如此才可担当重任，终有所得。

"非淡泊无以明志，非宁静无以致远。"（诸葛亮《诫子书》）"夫夷以近，则游者众；险以远，则至者少。而世之奇伟、瑰怪、非常之观，常在于险远，而人之所罕至焉，故非有志者不能至也。"（王安石《游褒禅山记》）

14. 路曼曼其修远兮，吾将上下而求索

【原文】路曼曼①其修远兮，吾将上下而求索。（《楚辞·离骚》）

【注释】①曼曼：路很长的样子。

　　*楚辞又称"楚词"，是战国时期伟大诗人屈原创造的一种浪漫主义诗体。作品运用楚地（主要是今湖南、湖北一带）的文学样式、方言声韵，叙写楚地的山川人物、历史风情，具有浓厚的楚文化地方特色。汉代的刘向把屈原的作品及宋玉等人"承袭屈赋"的作品编辑成集，名为《楚辞》。《楚辞》是我国第一部浪漫主义诗歌总集。

　　屈原，名平，字原，战国末期楚国贵族，后期遭排挤、流放，最终投汨罗江而死。屈原是中国最伟大的浪漫主义诗人之一，也是我国文学史上第一位以个人作品传世的伟大诗人。其代表作品有《离骚》《九歌》。

【导读】前面的道路遥远而又漫长，我要上天入地到处去追求理想。

　　屈原的这句诗，写出了追求真理的道路很曲折、很遥远，表达了一种勇于追求真理的执着、不屈和矢志不渝的无畏精神与坚定信念。这种执着追求理想和信念的精神，已构成了中华民族精神的一部分，"路曼曼其修远兮，吾将上下而求索"与"君子以自强不息"、"士不可以不弘毅"等句，都是鼓舞仁人志士追求理想、上下求索的千古名句。

15. 战战兢兢，如履薄冰

【原文】战战①兢兢②，如临深渊，如履薄冰。（《诗经·小雅·小旻》）

【注释】①战战：恐惧的样子。②兢（jīng）兢：谨慎的样子。

*《诗经》是我国文学史上最早的诗歌总集，根据内容的不同，分为"风"、"雅"、"颂"三个部分，全面反映了先秦时期社会生活的方方面面。诗中广泛运用赋、比、兴的写作手法，开创了我国传统诗歌的现实主义之先河。

相传《诗经》是尹吉甫采集、孔子编订，一共收录了自西周初年到春秋中叶的三百余首诗歌，后世称为"诗三百"。孔子评论《诗经》说："《诗》三百，一言以蔽之，曰'思无邪'。"

《诗经》和《楚辞》分别是我国现实主义诗歌与浪漫主义诗歌的源头，对我国文学特别是诗歌创作具有深远的影响。

【导读】面对现实中的各种问题，我小心谨慎，不敢有丝毫的马虎，就像面临深渊，就像脚踏薄冰。

成语"战战兢兢，如临深渊，如履薄冰"多用以表现做人行事居安思危或对工作怀有敬畏之心，小心谨慎。

修身也好，做事也罢，"小心行得万年船"。心怀戒惧敬畏之心，"战战兢兢，如临深渊，如履薄冰"，谨慎地做人行事，才能善始善终。这一点对身居要职、多有诱惑者，尤其重要。

16. 养心莫善于寡欲

【原文】孟子曰："养心莫善于寡欲。其为人也寡欲，虽有不存①焉者，寡矣；其为人也多欲，虽有存焉者，寡矣。"（《孟子·尽心下》）

【注释】①存：指人善良本性的保持。《尚书》的"道心"，《孟子》的"善本"，《大学》的"明德"，王阳明的"良知"，《中庸》的天命之"性"，都是说人性中天生具备良心善德。

*《孟子》是记载孟子及其弟子言行的一部书，儒家思想的代表作之一。南宋朱熹编"四书"时列入了《孟子》，使《孟子》一书成为儒学的最高经典之一。

【导读】孟子说，修养心性最好的办法是减少欲望，如果一个人为人欲望少，其善良本性纵然有所失去，也不会失去很多；如果一个人为人欲望很多，即使其善良的本性有所保留，那保留下来的也很少。

"人之心胸，多欲则窄，寡欲则宽。"（《格言联璧》）"君子寡欲则不役于物，可以直道而行；小人寡欲则能谨身节用，远罪丰家。"（司马光《训俭示康》）有德行的人欲望少就不会被外物牵制，做任何事情都可以行正直之道；平头百姓欲望少就能约束自我，节约用费，远离犯罪，丰裕家室。

孟子持"性善论"，将人的本性分为人性和兽性两个方面。人天生具有的、有别于一般动物的善的本性就是人性。人性是内存于人心中的道德本心，指恻隐之心、羞恶之心、辞让之心和是非之心，是做人之道。在现实生活中，由于外在物质的影响诱惑，感官之欲会减损人的善心，会遮蔽人的本性，孟子提出以"存心养心"来保持心灵的纯净，清除贪心和私欲，发展人性中固有的善良，最终目标是培育健全的人格。"存心"，就是有意识地保存自己的善心，不使其被人欲淹没；"养心"，即"护养道心"，就是通过节制不健康的欲望，达到涵养心灵的作用。孟子认为"存心"、"养心"最有效的办法就是寡欲，即减少自己私欲。

寡欲不是无欲，而是节制、减少不健康的欲望。饿了想吃饭，人性使然，实属正常；但如果饿了还必须享用美食佳肴，就是纵欲、贪欲，这样的"欲望"不健康，必须节制。

17. 致广大而尽精微

【原文】故曰苟不至德①，至道不凝焉②。故君子尊德性而道问学③，致广大④而尽精微⑤，极高明⑥而道中庸⑦。温故而知新，敦厚以崇礼。是故居上不骄，为下不倍⑧。国有道其言足以兴，国无道其默足以容⑨。《诗》曰："既明且哲，以保其身。"⑩其此之谓与？（《中庸》）

【注释】①苟不至德：如果没有极高的德行。苟，如果。②凝：凝聚，引申为成功。③道：由，从。问学：询问、学习。④致广大：致力于达到广博深厚的境界。⑤尽精微：尽心于达到精细微妙的境界。⑥极高明：致力于达到高大光明的境界。⑦道中庸：把不偏不倚和恒久不变的本性作为修养的途径。⑧倍：通"背"，背弃，背叛。⑨容：容身，指保全自己。⑩"既明且哲，以保其身"：出自《诗经·大雅·烝民》。哲，智慧，指通达事理。

＊《中庸》是儒家论述人生修养处世的一部伦理学著作，其内容肯定中庸是道德行为的最高标准，认为至诚是人生修养的最高境界，提出了"博学之，审问之，慎思之，明辨之，笃行之"的学习过程和认知方法。作者子思，名伋，字子思，被后世尊为"述圣"，战国初鲁国陬邑（今山东省曲阜）人，孔子嫡孙，相传受业于曾子。

《中庸》是儒家思想发展史上一部有着深远影响的重要著作。在汉代，《中庸》被收入《礼记》而成为其中的一篇；到宋代，理学家朱熹把《中庸》和《大学》从《礼记》中抽出，与《论语》《孟子》合并称为"四书"。宋元以后，《中庸》成为官定的教科书和科举考试必读书。《中庸》提出的"三达德"、"五达道"、"慎独自修"、"至诚尽性"等内容，对国人为人处世、修德养性等都产生了巨大而深远的影响。

【导读】所以说，如果没有极高的德行，就不能成就极高的道。因此，君子尊崇道德修养，重视学习、询问；致力于达到宽广博大的境界，深入钻研精微之处；追求洞察一切奉行中庸之道。温习过去所学从而获取新的认识，诚心诚意地崇奉礼节。所以身居高位不骄傲，身居低位不自弃。国家政治清明时，他的言论足以振兴国家；国家政治黑暗时，他的沉默足以保全自己。《诗经》说："既明智又通达事理，可以保全自身。"大概说的就是这个吧？

"故曰苟不至德，至道不凝焉。"（《中庸》）内圣外王，内修为本。内在修为的高低决定外在事功的大小，所以要"格物致知"、"择善固执"。君子内修至德温故知新"日日新"，追求广博深厚、高大光明，力行中庸之道，诚意正心地崇奉礼节。

但实现圣人之道不仅要拥有良好的道德与能力，还要具备现实的客观条件。若现实不具备大行圣人之道的客观条件怎么办？那就要"居上不骄，为下不倍"，要"穷则独善其身，达则兼善天下"（《孟子·尽心上》）；"既明且哲，以保其身"。

成语"明哲保身"，出自《诗·大雅·烝民》。最初的意思是明智的人善于保全自己。褒义。后来亦指因怕连累自己而回避原则斗争的处世态度。贬义。

18. 动心忍性，曾益其所不能

【原文】孟子曰："故天将降大任于是①人也，必先苦其心志②，劳其筋骨③，饿其体肤④，空乏其身⑤，行拂乱其所为⑥，所以动心忍性⑦，曾益其所不能⑧。"（《孟子·告子下》）

【注释】①是：代词，这，这些。②苦：动词的使动用法，使……苦恼。心志：意志。③劳：动词的使动用法，使……劳累。④饿其体肤：使他经受饥饿之苦。饿，动词的使动用法，使……饥饿。体肤，肌肤。⑤空（kōng）乏其身：使他身处贫困之中。空乏，形容词的使动用法，使……财资缺乏而穷困。⑥行拂乱其所为：使他做事不顺。拂乱，形容词的使动用法，使……颠倒错乱。拂，违背，不顺。乱，错乱。所为，所行。⑦所以动心忍性：用来使他的心智受到震撼，使他的性格坚忍起来。所以，用来（通过那样的途径来……）。动，动词的使动用法，使……惊动。忍，形容词的使动用法，使……坚忍。⑧曾益：增加。曾（zēng），通"增"。能：才干。

★孟子（约公元前372—前289年），名轲，字子舆，战国中期邹（今山东邹县）人。一生敬仰孔子，自称："乃所愿，则学孔子也。"

孟子受业于孔子之孙子思的门人，是孔子学说的嫡传后学，与曾参、子思一脉相承形成了儒学最重要，也可以说是最正统的一支"思孟学派"。面对百家争鸣、诸侯争霸的局面，孟子一面与墨家等激烈论战，一方面率弟子周游列国宣传仁政王道主张。遭到诸侯冷遇后，又回乡聚徒讲学，著书立说。

孟子主张人性本善。每个人天生就有四端之心，即恻隐之心、羞恶之心、辞让之心和是非之心。四端之心是人固有的、有别于一般动物的善德本性，分别是仁、义、礼、智四德的开端，也就是说，每个人天生就具有仁、义、礼、智四善德。

孟子重"义"，主张士君子要重节操、讲道义、有风骨，"先义后利"，当个人私欲和大仁大义不可兼得时，应当"舍生取义"。

"王道仁政"是孟子的社会政治理想，"民为贵，社稷次之，君为轻"。人人皆有不忍人之心，统治者的不忍人之心运用到现实政治上就是"施仁"，就是"王道仁政"；"人人亲其亲、长其长，而天下平"（《孟子·离娄上》）。

【导读】所以，上天将要让这个人承担重大使命的时候，一定要先使他内心痛苦，筋骨劳累，肚肠饥饿，身受贫困之苦，使他做事不顺，（通过这些）来让他内心受到震撼、锻炼，使他的性格坚忍起来，以不断增长他的才干。

儒学强调慎言力行、道德践履。力行首先是指躬行、笃行，即亲身去实践，言行不能脱节。于"事上磨炼"，在艰难困苦中见精神也是力行的一个重要内涵。所以儒学特别强调逆境对人生的道德价值。舜发于畎亩，孙叔敖举于海，百里奚举于市，没有人可以随随便便成功。"宝剑锋从磨砺出，梅花香自苦寒来。"（《警世贤文》）"业精于勤，荒于嬉；行成于思；毁于随。"（韩愈《进学解》）"吃得苦中苦，方为人上人。"（冯梦龙《警世通言》）"不经一番寒彻骨，怎得梅花扑鼻香。"（黄檗《上堂开示颂》）"功崇惟志，业广惟勤。惟克果断，乃罔后艰。"（《尚书·周书·周官》）人在艰难时，须思大作为。

19. 匹夫不可夺志

【原文】三军①可夺②帅也，匹夫③不可夺志也。（《论语·子罕第九》）

【注释】①三军：古代 12500 人为一军，周朝的制度，诸侯中的大国可以拥有军队三军，因此便用"三军"为军队的通称。②夺：撤换，改变。③匹夫：一个人，泛指平常人，这里指男子。

【**导读**】一国军队可以被撤换统帅，但一个男子汉的志气却不可被强迫改变或失去。

志，就是人的志向，也可以称为理想。立志，就是以志明向，确定人生的奋斗目标，使自己有个明确的努力方向。立定志向是一个人修身与成事的前提条件，人之不同，很大程度上是因为其志有异。孟子提出以立志为基础，养成大丈夫的"浩然之气"。《吕氏春秋·诚廉》云："石可破也，而不可夺坚；丹可磨也，而不可夺赤。"诸葛亮《诫子书》说："学须志也，才须学也，非学无以广才，非志无以成学。"苏轼《晁错论》提出："古之立大事者，不惟有超世之才，亦必有坚韧不拔之志。"王安石《游褒禅山记》："尽吾志也，而不能至者，可以无悔矣，其孰能讥之乎？"王守仁《教条示龙场诸生》："志不立，天下无可成之事；虽百工技艺，未有不本于志者……志不立，如无柁（duò，同"舵"）之舟，无衔之马，飘荡奔逸，终亦何所底乎？"凡此等等，都是说明立定志向、明确人生努力目标的重要性。

"明志定向"很重要，明什么样的志和坚守志向"定而不易"更重要。"志不强者智不达。"（《墨子·修身》）志向不坚定的人，智慧就得不到充分的发挥。"不为穷变节，不为贱易志。"（桓宽《盐铁论·地广》）孔子也提出了"匹夫不可夺志也"。

有人"常立志"，有人"立长志"，要保持志向"定而不易"，需在立志之时意诚心正，"意诚而后心正，心正而后身修"（《大学》）。天行有常，生生不息，天地自然之所以能够有规律地运行不止、化生万物，是因为天地真诚无妄；君子要保持志向"定而不易"，笃志前行，也需要真诚无妄，意诚心正。

有人"喻于义"，有人"喻于利"；有人信奉"人不为己，天诛地灭"，有人志在"兴天下之利，除天下之害"。至于应该立定什么样的志向，先贤圣哲告诉我们，立志尚志首先要"知耻求荣"。有无羞耻之心是人与禽兽的根本区别，"行己有耻"（《论语·子路第十三》）。"人不可以无耻"、"不耻不若人，何若人有？"（《孟子·尽心上》）"无羞恶之心，非人也。"（《孟子·公孙丑上》）就整个社会而言，如果社会成员羞耻之心淡薄，其社会风气之坏和影响之恶劣将不堪设想。所以，个体的立志修心，应该把知耻作为"立人之大节"、"人生之第一要事"。相应地，求荣也是立志的重要追求。什么是"荣"？高官厚禄、名牌加身常被众人推崇，但先贤圣哲认为，符合"道义"的才是真正的、无限的"荣"。"饭疏食饮水，曲肱而枕之，乐亦在其中矣。不义而富且贵，于我如浮云。"（《论语·述而第七》）孔子极为欣赏颜回，因为"一箪食，一瓢饮，在陋巷，人不堪其忧，回也不改其乐"（《论语·雍也第六》）。王子（齐宣王之子）垫问曰：士何为？孟子曰：尚志。曰：何为尚志？曰：仁义而已矣……居仁由义，大人之事备矣。（《孟子·尽心上》）孟子提出士人君子志在仁义，大丈夫"富贵不能淫，贫贱不能移，威武不能屈"，必要时应该舍生取义。《荀子·修身》也说："君子不为贫穷而怠乎道。"

新时代广大青年要爱国爱民，树立为祖国为人民永久奋斗、赤诚奉献的坚定理想。要锤炼品德，自觉树立和践行社会主义核心价值观，自觉用中华优秀传统文化、革命文化、社会主义先进文化培根铸魂、启智润心，加强道德修养，明辨是非曲直，增强自我定力，矢志追求更有高度、更有境界、更有品位的人生。这段话对我们青年学生以志明向，确定人生奋斗目标具有极大的教育启迪意义。

20. 威武不能屈

【原文】富贵不能淫①，贫贱不能移②，威武不能屈③，此之谓大丈夫。（《孟子·滕文公下》）

【注释】①淫：惑乱，迷惑。这里是使动用法。②移：改变，动摇。这里是使动用法。③屈：屈服。这里是使动用法。

【导读】金钱地位不能使他的思想迷惑，贫贱不能使他的操守动摇，权势武力不能使他的意志屈服，这才是有志气有作为的男子汉。

"粉骨碎身浑不怕，要留清白在人间。"（于谦《咏石灰》）"富贵不傲物，贫穷不易言。"（《晏子春秋·内篇问下》）国人向来崇尚"大丈夫"的气节，但何为"大丈夫"？大丈夫应当具有独立的人格，恪守一定的准则，不屈服于外来的压力，既有坚定的信念，又有勇于担当的道义和不屈不挠的奋斗精神。大丈夫刚毅有为，富贵也好，贫贱也罢，都不能改变其理想与节操。孟子以三句排比，说明大丈夫讲气节、有风骨，人格独立，面对最常见的富贵、贫贱、威武境遇时，坚持"仁、义、礼"的原则，以道进退，弘毅而为。

当今社会，机会多多，诱惑也多多，如何持节守义、护养道心，做一个真正的大丈夫，确实值得深思。

21. 临大节而不可夺

【原文】曾子曰："可以托六尺之孤①，可以寄百里之命②，临大节③而不可夺也。君子人与④？君子人也。"（《论语·泰伯第八》）

【注释】①六尺之孤：古人以七尺指成年，六尺指十五岁以下，即未成年人。孤，死去父亲的小孩叫孤。托，委托。②百里：指方圆百里的诸侯大国。寄，托付。③大节：重大关节之事，指关乎国家安危存亡的大事。④与（yú）：同"欤"，表疑问或反问的语气词。

【导读】曾子说："可以把幼小的孤儿托付给他，可以将国家的命脉寄托于他，面对安危存亡的紧要关头能够不动摇屈服。这样的人是君子吗？这样的人是君子啊。"

"做人要带三分侠气，行事不存一丝苟且。"（《菜根谭》）"名节重泰山，利欲轻鸿毛。"（于谦《无题》）"所守者道义，所行者忠信，所惜者名节。"（欧阳修《朋党论》）"苟利国家生死以，岂因祸福避趋之。"（林则徐《赴戍登程口占示家人》）面临国家存亡的大关节时，君子不会为一切利害、安危而改变他的意志和操守，不会放弃他的承诺，而是忍辱负重，甚至能杀身成仁、舍生取义。

可托孤寄命之人，不仅道德修养很高（忠、信且有气节、讲原则），而且还有十分出色的能力（能辅弼君主、治国理政），这样有道德、有知识、有才干的人，肯定是"君子"。"君子人与？君子人也。"设问句作结，意在突出强调君子的本质，即一有德，二有才，才德俱全才堪称君子。

22. 里仁为美

【原文】 子曰："里仁为美。择①不处仁，焉得知②？"（《论语·里仁第四》）

【注释】 ①择：选择。②知：同"智"，明智，智慧。

【导读】 孔子说："住的地方，要有仁德才好。选择住处，没有仁德，怎么能是聪明呢？"

"德者，本也"，具有道德品性是人与一般动物的根本区别。"仁、义、礼、智"是普遍适用于社会大众的、最基本的道德品性，被称为"四基德"，仁、义、礼、智四德相互补充，相互完善，而以仁德为主。仁德是所有人伦道德中处于第一位的、最基本的道德品性，是"四基德"的核心。仁爱思想是中华民族在长期实践中形成的宝贵的思想观念，已渗透进一代代中国人的思维方式与日常生活中，滋养了中华民族宽厚包容、博施济众的民族性格，体现了中华民族兼善天下的至善追求，是我国优秀传统文化的核心内容。今天，仁爱思想依然彰显着独特的人文价值，呈现出既坚守本根又不断与时俱进的基本特征。

"仁"，甲骨文为"⺅ニ"，由"人"、"二"两个字构成。《说文解字》："仁，亲也。从人从二。忎，古文仁，从千、心；尸，古文仁，或从尸。"郭店楚简中，"仁"的字形为"㕚"，从身从心。

古之"仁"是指协调处理好个人和整个世界芸芸众生之间的关系，包括个人身与心的关系、人与他人的关系、人与神（自然）的关系："从人从二"表示人与他人的关系，"从身从心"表示个体身与心的关系，

"从尸从二"表示人与神、人与自然的关系("尸"是人躬身肃立的象形，指古代祭祀时，代表天子王侯等尊贵死者受祭的人，这种祭祀活动所表达的是阴阳相通、天人合一，是人类要与神灵以及天地自然相互交流和关照的一种精神）。

东周而后，礼崩乐坏，天下无道，社会失序，道德失范。在这样的背景下，孔子教书育人，心系民众，传承经典，创立儒学，宣扬仁爱礼乐、克己复礼，以期实现仁者爱人、众生和谐。他提出"仁者爱人"并创造性地丰富升华了仁的含义：使仁爱的意涵从"爱亲"延申到"爱人"，仁爱的对象超越血缘亲人，延展到社会众人，仁爱从私人情感提升到更具普遍性的社会道德；使仁爱成为当时人伦道德的核心标准，"爱人"成为仁爱之德的核心内涵，从根本上对仁德进行了定性。

孔子的仁爱理论再经孟子、程颢、程颐和朱熹等人的继承与发展，形成了儒家完整的仁学理论体系。从个人到家族、到社会、到国家，在个人修德养性、立身处世和理政治国等各个层面上，仁爱都发挥了重要的道德价值作用，用梁启超先生的话说，就是"儒家言道言政，皆植本于仁"(《先秦政治思想史》)。

"仁"是孔子思想的核心，也是《论语》重点探讨的话题。《论语》20章，谈到仁109次，孔子和他的弟子系统地探讨了仁的主要内涵和为仁的方法与意义。

从血缘伦理出发的孝悌爱亲是仁的最基础的内涵。"孝弟也者，其为仁之本与！"(《论语·学而第一》)孝悌是爱亲的基本体现。在孔子看来，君子应有仁爱之德，这是做人的根本，而爱亲是仁德的基础和起点。"仁之实，事亲是也；义之实，从兄是也。"(《孟子·离娄上》)"爱亲之谓仁。"(《国语·晋语》)《礼记》云："上下相亲谓之仁。"东汉许慎解释说："仁，亲也。从人从二。"

清代阮元提出，"仁之意即人之也"，意思是要以人道的方式对待别人，尊重别人。这其实是"仁"的内涵的拓展："仁"是成人最为重要的道德品格和对待他人应有的态度，其中最基本也是最重要的是"仁者爱人"和"克己复礼"。

"仁者爱人"是孔子积极倡导践行的核心的人伦道德。樊迟问仁，孔子答复为"爱人"（《论语·颜渊第十二》）。何为"爱人"？"爱人"包括对人的生命的尊重："厩焚。子退朝，曰：'伤人乎？'不问马。"（《论语·乡党第十》）孔家马棚失火，孔子问人不问马。"爱人"也包括"自爱"："三军可夺帅也，匹夫不可夺志也"、"志士仁人，无求生以害仁，有杀身以成仁"等等，都是在强调仁者君子要具有独立的意志、独立的人格，要拥有并坚守自己的品行操守，这就是"仁者自爱"。

哀公问曰："何为则民服？"孔子对曰："举直错诸枉，则民服；举枉错诸直，则民不服。"（《论语·为政第二》）"举直错诸枉"，就是用正直的人或事去纠正邪枉的人或事，这样做则"民服"。这是强调真爱真仁、大爱大仁不是无原则的糊涂的爱，而要以是正非、以善纠恶。"举直错诸枉"和"己欲立而立人，己欲达而达人"（《论语·雍也第六》）、"己所不欲，勿施于人"（《论语·颜渊第十二》），从不同角度说明了何为"爱人"，表达了同一个意思：仁者爱人，既要成人之美，也要明辨是非善恶，惩恶扬善，以是正非，以善纠恶，"能爱人，能恶人"。

"克己复礼为仁。一日克己复礼，天下归仁焉。为仁由己，而由人乎哉？"（《论语·颜渊第十二》）"克己"是说要向内约束自己，"复礼"是说要遵循外在的社会行为规范，"克己复礼"既是对个人品格修养的要求，也是对个人社会行为的规范。孔子认为，约束自己，使自己的视、听、言、动都合乎礼的规范，自然就仁了。也就是说，每个人只要坚守本心、身体力行，就可以守礼成仁，养成"成人道德品格"。换言之，克己复礼是养成仁者君子道德人格的基本途径，仁者君子待人接物应该做到"克己复礼"，"非礼勿视，非礼勿听，非礼勿言，非礼勿动"。

在孔子那里，"仁"的意涵很丰富，除了"仁者爱人"和"克己复礼"，孔子对仁者君子在人格修养和社会行为方面还提出了很多要求：

"仁者，先难而后获。"（《论语·雍也第六》）所谓难，就是先付出一定的努力。所谓获，就是获得、得到。百折不挠、辛勤努力以求修德立功的"君子自强不息"的品质，是仁德的重要内涵。

"仁者，其言也讱。"（《论语·颜渊第十二》）讱，字面意思是迟钝，实则是强调仁者说话要谨慎，要言行一致。

"博学而笃志，切问而近思，仁在其中矣。"（《论语·子张第十九》）这是说在学习方面如何修德践仁。

"刚、毅、木、讷，近仁。"（《论语·子路第十三》）强调有刚强（公正无欲）、果决（果敢坚忍）、朴质（性情质朴）、少言（语言不轻易出口）这四种品德的人接近于仁德，说明"仁"既是君子内在的品格，也要体现在"待人"的言行中。

樊迟问仁。子曰："居处恭，执事敬，与人忠。"（《论语·子路第十三》）平日在家态度端庄恭敬，做事兢兢业业、勤勤恳恳，与人交往忠诚专一。这是从一个人社会生活中涉及的居家、工作、与人交往三个角度讲说仁德的含义和要求。

"能行五者于天下，为仁矣。"（《论语·阳货第十七》）五者是指恭、宽、信、敏、惠。恭，就是恭敬；宽，就是宽容；信，就是诚信；敏，就是勤敏；惠，就是厚道。这是从社会伦理和为人处世之道的角度来讲释何为仁与如何修德践仁，对个人的社会行为提出规范要求。

综合来说，孔子的"仁"，以血缘伦理、孝悌爱亲为根本点和出发点，对仁者君子从内到外的修德践仁、待人接物提出了"仁者爱人"、"克己复礼"等明确的要求和规范，其根本目的就是要倡导仁德、培养君子，营造一个以仁爱为核心理念的和谐有爱的社会形态。

23. 孝弟为仁之本

【原文】有子①曰："其为人也孝弟②，而好犯上者，鲜矣③；不好犯上，而好作乱者，未之有也。君子务本，本立而道生④。孝弟也者，其为仁之本与⑤！"（《论语·学而第一》）

【注释】①有子：有若，孔子弟子。②孝弟：孝，指子女孝顺父母

（孝含有敬和顺两层含义）。弟，同"悌"（tì），指弟弟友爱兄长。孝和悌是儒家提倡的两个基本的道德要求，是"为仁之本与"。③好（hào）：喜欢。鲜（xiǎn）：少。④务：致力于。本：根本。道：在中国古代思想里，道有多种含义，此指孔子提倡的仁道，即以仁为核心的整个道德思想体系及其在实际生活的体现，简言之就是治国做人的基本原则。⑤为：践履。本：根本，基础。与：同"欤"，疑问词。

【导读】有子说："孝顺父母，友爱兄长，而喜好触犯上层统治者，这样的人是很少见的。不喜好触犯上层统治者，而喜好造反的人是没有的。君子专心致力于根本的事务，根本建立了，治国做人的原则也就有了。孝顺父母、友爱兄长，这是成为智士仁人的基础和根本啊！"

仁爱之德是最基本的道德品行，君子务本，这个本就是仁，而仁之本，"孝弟也者"。孔子为代表的儒家认为，仁的本质是"爱人"，而"立爱自亲始"，"亲亲为大"。"孝"是人伦亲情之爱最基本的表达，孝敬、孝顺父母，友爱、尊重兄长，其实就是对具有血缘关系的父母和兄弟的爱，是一个人修德践仁的初始和最基本的表现。敬爱父母是人超出狭隘自我的第一步，是克服自私的起始点。只有迈出这一步，才可能逐渐发展为关爱他人。一个连自己父母都不敬爱的人，是不可能真心实意关爱他人的。所以说，"百善孝为先"，"行仁自孝悌始"。

"论人必先以所亲，而后及所疏；先本后末，先近后远。必先以所重，而后及所轻。"（《吕氏春秋·孝行》）认识和评价一个人，一定要先考察他如何对待父母家人，再推及他如何对待一般人；一定要先考察他怎样对待关系亲近的人，再推及他如何对待关系疏远的人。

儒家的修德践仁以亲亲为基础和出发点，但并不止于亲亲之爱，而是始于亲达于众、推己及人、泛爱众人，以期实现人与人之间的和睦相处。《礼记》有云："教三行：一曰孝行，以亲父母；二曰友行，以尊贤良；三曰顺行，以事师长。""亲亲而仁民，仁民而爱物。"（《孟子·尽心上》）汉代政论家贾谊提出："心兼爱人谓之仁，反仁为戾。"（《新书·道术》）既能够爱自己亲人，又兼顾到爱别人，这才叫仁；反之，如果违反这些，就会走向暴力。

孟子曰："仁也者，人也。合而言之，道也。"（《孟子·尽心下》）仁，是做人的原则。仁与人合起来，就是人生正道。"仁，人心也。"（《孟子·告子上》）仁，是人的心。与人相处的人生正道，必本于人心，发以仁心，乃有仁道。儒家主张在日常生活中，从身边的人和事开始修德养性，践行仁爱之德当然要从爱亲敬兄（即孝悌）做起，"扩而大之，由家庭以及其国家，以及全人类，进而至于大同，所谓亲亲而仁民，仁民而爱物也"（《论语疏证》）。

24. 君子去仁，恶乎成名

【原文】子曰："富与贵，是人之所欲也，不以其道得之，不处也①；贫与贱，是人之所恶也，不以其道得之，不去也②。君子去仁，恶乎成名③？君子无终食之间违仁，造次必于是，颠沛必于是④。"（《论语·里仁第四》）

【注释】①道：正当的途径，合理的手段。处：接受。②去：摆脱。此句译为：不以正当的手段摆脱贫贱，就不摆脱它。③去：离开，抛弃。恶（wū）：怎么。④违：违背，离开。造次：仓促，匆忙。颠沛：形容人事困顿，社会动乱。

【导读】孔子说："财富和地位，是每个人都向往的，但是，以不正当的手段得到它们，君子不会接受；贫困和卑贱，是人们所厌恶的，但是，不通过正当的途径摆脱它们，君子是不会摆脱的。背离了仁的准则，怎么能成就君子的名声呢？君子不会有吃一顿饭的时间背离仁德，即使在匆忙紧迫的情况下也一定遵守仁的准则，在颠沛流离的时候也一定按照仁德的准则行事。"

孔子并非只重仁、义，不存利、欲，从"富与贵，人之所欲也"就可以看出，孔子认可谋取合理之利的正当性。子曰："富而可求也，虽执鞭之士，吾亦为之。如不可求，从吾所好。"（《论语·述而第七》）

执鞭之士，指天子诸侯出巡时，扬着竹鞭、喝令众人让道的差事，意指地位低下的职事。求富贵也好，去贫困也罢，必须为之以道而不可肆意妄为。无论是富贵还是贫贱，顺境还是逆境，无论是在仓促之间还是颠沛流离之时，都不能违背仁、义原则，都要按照仁、义的理念办事。子曰："饭疏食，饮水，曲肱而枕之，乐亦在其中矣。不义而富且贵，于我如浮云。"（《论语·述而第七》）疏食：指粗糙简单的饭。水：指冷水。曲肱而枕之，意思是弯着胳膊当枕头睡觉。"君子去仁，恶乎成名？"——背离了仁的准则，还能称得上是君子吗？

"君子无终食之间违仁"，实际上强调了人可以高度自觉地、自主地为仁，突显个人修德践仁的自主性和自觉性，也就是说，个人是可以主宰、发展、完善自我仁德并践行仁德的。强调个人可以自觉、自主地修德践仁，其实践意义非常重大。

25. 当仁不让

【原文】子曰："当①仁，不让②于师。"（《论语·卫灵公第十五》）

【注释】①当仁：面临着仁德。当，面对。②让：谦让。

【导读】"仁德"当前，就是老师也不同他谦让。

"不让"，并非是对老师不恭敬，而是说在行仁这件事上，不能落后于老师。勇猛、精进地修德践仁，反而是对老师真正的恭敬。

孔子及其为代表的儒家强调要充分重视个体在修德践仁方面的自主性和自觉性。"我欲仁，斯仁至矣。"（《论语·述而第七》）为仁的关键是要发挥人内在的自主性、自觉性，使人内在的仁的善性，自主地外施于人，外施于物。这种积极主动地外显内在之仁，即便是尊如老师，也不同他谦让。

"当仁不让"成语出于此，原指以仁为任，无所谦让。现泛指遇到应该做的事就积极主动去做，不推让。

26. 求仁得仁

【原文】子曰："仁远乎哉？我欲仁，斯仁至矣。"（《论语·述而第七》）

【导读】孔子说："仁德难道离我们很远吗？只要自己愿意实行仁，仁就可以达到。"

仁德是人的天生本性，为仁由己，求仁得仁。"我欲仁，斯仁至矣"，"欲"、"至"两个字，充分说明了自我修养、自我努力是修德践仁的基础和条件。为仁的动力来自于个人的自觉，为仁的成效取决于个人的努力，君子要在推己及人、能近取譬过程中，修德践仁。

"为仁由己"是孔子提出的道德修养论，这种道德修养论充分重视个体在道德修养过程中的自主性和自觉性，一定程度上体现了中国传统文化的人本思想。中国传统文化的人本思想，不仅强调修德践仁要充分发挥个人内在的自主精神，而且强调人在社会生活与家国管理中的主导和主动地位。"万物皆备于我矣。反身而诚，乐莫大焉。强恕而行，求仁莫近焉。"（《孟子·尽心上》）意思是，万物我都具备了。反躬自问诚实无欺，便是最大的快乐。尽力按恕道办事，便是最接近仁德的道路。孟子的话充满了主体意识，体现了乐观向上的心态和认识世界、探索真理的勇气与信心，大有法国哲学家笛卡尔那著名命题"我思故我在"的精神风貌。

中国传统文化中还有"万般皆由心，祸福由心造；福祸无门，惟人自召"、"命由我作，福自己求，一切福田不离方寸"等等说法，都强调了个体道德修养的高低乃至事业祸福皆是"求仁得仁"，"求则得之，舍则失之"，所以要"反求诸己"。

27. 仁者无敌

【原文】梁惠王曰："晋国^①，天下莫强^②焉，叟之所知也。及寡人之身，东败于齐，长子死焉③；西丧地于秦七百里④；南辱于楚⑤。寡人耻之，愿比死者一洒之⑥，如之何则可？"

孟子对曰："地方百里⑦而可以王。王如施仁政于民，省刑罚，薄税敛，深耕易耨⑧；壮者以暇日修其孝悌忠信，入以事其父兄，出以事其长上，可使制梃以挞秦楚之坚甲利兵矣。彼⑨夺其民时，使不得耕耨以养其父母。父母冻饿，兄弟妻子离散。彼陷溺⑩其民，王往而征之，夫谁与王敌？故曰：'仁者无敌。'王请勿疑！"（《孟子·梁惠王上》）

【注释】①晋国：这里指魏国。韩、赵、魏三家分晋，被周天子和各国承认为诸侯国，所以，（魏）梁惠王自称魏国为晋国。②莫强：没有比它（魏国）更强的。③东败于齐，长子死焉：公元前343年，魏与齐战于马陵，兵败，主将庞涓被杀，太子申被俘。④西丧地于秦七百里：马陵之战后，魏国国势渐衰，秦屡败魏国，迫使魏国献出河西之地和上郡的十五个县，约七百里地。⑤南辱于楚：公元前323年，魏又被楚将昭阳击败于襄陵，魏国失去八邑。⑥比：替，为。一：全，都。洒：音义均同"洗"，洗雪，雪耻。此句译为，希望为全体死难者报仇雪恨。⑦地方百里：方圆百里的土地。⑧易耨：及时锄草。易，疾，快。耨（nòu），锄草。⑨彼：指秦、楚的执政者。⑩陷溺：使……陷溺（到深渊）。

【导读】梁惠王说："晋国曾一度在天下称强，这是老先生您知道的。可是到了我这时候，东边被齐国打败，连我的大儿子都死掉了；西边丧失了七百里土地给秦国；南边又受楚国的侮辱。我为这些事感到非常羞耻，希望替所有的死难者报仇雪恨，我要怎样做才行呢？"

孟子回答说："只要有方圆一百里的土地就可以使天下归服。大王如果对老百姓施行仁政，减免刑罚，少收赋税，深耕细作，及时锄草；让身强力壮的人闲暇时修养孝顺、尊敬、忠诚、守信的品德，在家侍奉父母兄长，出门尊敬长辈上级，这样就是让他们拿起木棒也可以打击那些拥有坚实盔甲锐利刀枪的秦楚军队。因为那些秦国、楚国的执政者剥夺了老百姓的生产时间，使百姓不能够深耕细作来赡养父母。

父母受冻挨饿，兄弟妻子儿女东离西散。他们使老百姓陷入深渊之中，大王若去征伐，有谁来和您抵抗呢？所以说：'施行仁政的人是没有敌人的。'大王请不要疑虑！"

孟子继承和发展了孔子的仁学思想。他认为仁是人的一种本性（本心），人天生就具有区别于其他动物的善的本心，即恻隐之心（仁之端也）、羞恶之心（义之端也）、辞让之心（礼之端也）、是非之心（智之端也）。人性本具的"四心"是仁、义、礼、智"四德"的发端，也就是说，仁、义、礼、智四德是人生而具有的道德本性。为人之道就是要努力认知、蓄养、扩充自己生而具有的仁、义、礼、智之德，使之不断成长壮大、充分发展，从而不断提高自己的精神境界和道德水平。

孟子的仁爱是有远近亲疏的差等之爱。"仁者无不爱也，急亲贤之为务。"（《孟子·尽心上》）仁者没有不爱的人，但是急于先爱亲人和贤者。"君子之于物也，爱之而弗仁；于民也，仁之而弗亲。亲亲而仁民，仁民而爱物。"（《孟子·尽心上》）君子对于万物，爱惜它却不是仁爱；对于一般民众，仁爱他却不是亲爱。（君子）亲爱亲人，进而仁爱百姓；仁爱百姓，进而爱惜万物。这种由亲亲而爱人、爱物，而爱一切的心性，是构成君子人格的道德根基。

"仁者无敌"，"仁政"、"王道"是孟子的社会政治理想。"行仁政而王，莫之能御也。"（《孟子·公孙丑上》）孟子认为符合"仁"的政治，才是能够一统天下而"王"的政治。"以力假仁者霸……以德行仁者王……以力服人者，非心服也，力不赡也；以德服人者，中心悦而诚服也。"（《孟子·公孙丑上》）"尧舜之道，不以仁政，不能平治天下。"（《孟子·离娄上》）

孟子认为仁得天下，不仁则失天下。"三代之得天下也以仁，其失天下也以不仁。国之所以废兴存亡者亦然。天子不仁，不保四海；诸侯不仁，不保社稷；卿大夫不仁，不保宗庙；士庶人不仁，不保四体……桀纣之失天下也，失其民也；失其民者，失其心也。得天下有道：得其民，斯得天下矣。得其民有道：得其心，斯得民矣。得其心有道：所欲与之聚之，所恶勿施尔也。"（《孟子·离娄上》）"省刑罚，薄税敛，深耕易耨；壮者以暇日修其孝悌忠信，入以事其父兄，出以事其长上"云云，就是孟子劝梁惠王施仁政、行王道，也可以说是孟子对其"仁政"、"王道"理念的解释说明。

28. 己欲立而立人

【原文】 子贡曰："如有博施于民而能济众①，何如？可谓仁乎②？"

子曰："何事于仁，必也圣乎③！尧舜其犹病诸④！夫仁者，己欲立而立人，己欲达而达人⑤。能近取譬，可谓仁之方也已⑥。"（《论语·雍也第六》）

【注释】 ①博：广泛。施：动词，施以恩惠。众：众人。②仁：仁人。③何事：何止。圣：圣人。④尧舜其犹病诸：似尧舜这样的圣人还担心做不到呢。病，担忧，诸，之于。⑤己欲立而立人，己欲达而达人：一个有仁德之人的行为就是推己及人，自己要立得住，要别人也立得住；自己要上达，要别人也能上达。⑥能近取譬：推己及人的意思。"近取诸身，以己所欲譬之他人，知其所欲亦犹是也。然后推其所欲以及于人……"（朱熹《论语集注·雍也》）。仁之方：践行仁道的方法。

【导读】 子贡说："如果一个人广施恩惠于民，而又能济众生于患难，这个人怎么样呢？可以说他是有仁德的人吗？"孔子说："这何止是有仁德啊，那简直就是圣人啊！尧和舜这样的圣人都未必能做到呢。一个有仁德的人，想要自己站得住，还会帮助别人也站稳，想要自己事事通达顺畅，还会帮助别人也事事通达顺畅。凡事都能从身边的近处做起，这就是实行仁道的方法啊。"

推己及人、能近取譬是儒家倡导的修德践仁的方法。具体说来，就是要将心比心，推己及人，做到"己欲立而立人，己欲达而达人"和"己所不欲，勿施于人"。前者是从正面来讲要积极上进修德践仁，而后者则是底线要求，两者都是"仁者爱人"的实践体现，是孔子仁学思想的重要方面，也是儒家倡导的社会交往最基本的伦理准则。

关于如何践仁成贤，孔子与颜渊还有一段对话：颜渊问仁。子曰："克己复礼为仁。一日克己复礼，天下归仁焉。为仁由己，而由人乎哉？"颜渊曰："请问其目。"子曰："非礼勿视，非礼勿听，非礼勿言，非礼勿动。"颜渊曰："回虽不敏，请事斯语矣。"（《论语·颜渊第十二》）这段话中，孔子不仅告诉颜渊"克己复礼为仁"，提出了"为仁由己"的说法，并且从视、听、言、动四个方面具体展开了如何修德践仁。

孔子不仅提出了"仁者爱人"，把仁的体现和仁的判定标准界定为"爱人"，使仁的意义和要求具体化、明确化，而且还告诉人们"为仁由己"、"我欲仁，斯仁至矣"。提出践仁成贤要充分发挥个人的主观能动性，又提出了修德践仁的具体方法，即"克己复礼"、"己欲立而立人，己欲达而达人"、"己所不欲，勿施于人"，从而形成了一个以仁为根本，以爱人为核心，包括尊亲敬上、崇礼守德、仁者爱人、推己及人等等修德践仁内容在内的仁学思想体系。

孔子的"仁学思想"对中国社会产生了持久而深远的影响，"仁者爱人"是中国优秀传统文化的思想精华。中华民族与人为善、助人为乐，重视亲情、尊老敬贤，尊重生命、爱好和平和追求和谐的传统理念，无不与仁爱思想有着密切关系。中华民族讲究仁爱的优良传统奠定了亲仁善邻、和平发展乃至"推动构建人类命运共同体"的人文根基。

29. 己所不欲，勿施于人

【原文】 子贡问曰："有一言①而可以终身行之者乎？"子曰："其恕②乎！己所不欲，勿施于人。"（《论语·卫灵公第十五》）

【注释】 ①一言：一个字。言：字。②恕：推己及人，即"己所不欲，勿施于人"。

【导读】 子贡问道："有没有简单的一个字可以终身奉行的呢？"夫子道："那就是'恕'字吧！自己所不想要的任何事物，不要强加给别人。"

孔子曾要求曾参"参乎，吾道一以贯之"，曾子认为"夫子之道，忠恕而已矣"。《中庸》则引孔子的话说，"忠恕违道不远"，能做到忠恕，离道就不远了。这个"道"，就是"仁爱之道"。一般认为，忠和恕，是仁爱之道的两个基本方面。

"忠"，从中，从心，《说文解字》云：忠，敬也。尽心为忠。"无私忠也"（《左传·成公九年》）。朱熹说"尽己之谓忠"，即真诚地尽心尽力成人之美就是忠。忠是一种非常恳切的、尽心尽责的君子行为，不仅尽力，而且尽心，就是"己欲立而立人，己欲达而达人"。不仅自己通达无碍，而且常真挚地助他人摆脱障碍，通达无阻。

"恕"，即"如其心"，就是站在别人的立场上考虑问题，将心比心，推己及人。恕就是要真切地体察别人的情绪感受，尽可能地了解他人，同情他人，包容他人，"己所不欲，勿施于人"。

"忠恕之道"是儒家仁爱思想的基本内涵和修德践仁的基本方法，是儒家提出的处理人己关系的重要原则，其核心要求是内修仁爱之德并在对外的视听言动之中尽心尽责、推己及人地秉持仁爱之心行事，并以本人自身为参照调节自己待人的言行态度。

孟子的"反求诸己"法提供了内修仁爱的具体方法："爱人不亲，反其仁；治人不治，反其智；礼人不答，反其敬。行有不得者，皆反求诸己，其身正而天下归之。"（《孟子·离娄上》）爱护别人而别人不亲近你，应该反问自己的仁爱之心是不是足够；管理别人而别人不服管理，应该反问自己的智慧才能是不是足够；礼貌地对待别人而别人不予回应，应该反问自己恭敬的态度是不是足够。自己的行为达不到预期效果，就要反省自己，如果自己真正做得好，天下人心就会归向你。这是孟子修身施仁的"反求诸己"法。反躬自省、自查自纠，至今仍然是我们克服缺点、改正错误，提升修养、提高能力的重要方法。

30. 事贤友仁

【原文】子贡问为仁①。子曰："工欲善其事，必先利其器②。居是邦也，事③其大夫之贤者，友④其士之仁者。"（《论语·卫灵公第十五》）

【注释】①为仁：培养仁德。②利：使动用法，使其精良。器：工具。③事：侍奉。④友：结交，与……为友。

【导读】子贡问怎样培养仁德。孔子说："做工的人想把活儿做好，必须首先使他的工具精良。住在这个国家，就要侍奉贤明的大夫，与有仁德的士人交朋友。"

欲"善其事"先"利其器"，孔子以事喻仁，说明仁德须经过磨砺熏陶而成，要在日常生活中虚心学习，态度真诚地事贤友仁，以善自己修德践仁之事。

孔子曰："益者三友，损者三友。友直，友谅，友多闻，益矣。友便辟，友善柔，友便佞，损矣。"（《论语·季氏第十六》）谅，诚信。便（pián）辟，逢迎谄媚的样子。善柔，阿谀奉承。便佞，花言巧语，阿谀逢迎。孔子说："对自己有益的朋友有三种，对自己有害的朋友也有三种。与正直的人为友，与诚实的人为友，与见闻广博的人为友，就会对自己有益。与谄媚奉承的人为友，与虚情假意的人为友，与夸夸其谈的人为友，就会对自己有害。"

孔子曰："益者三乐，损者三乐。乐节礼乐，乐道人之善，乐多贤友，益矣。乐骄乐，乐佚游，乐宴乐，损矣。"（《论语·季氏第十六》）节：调节，节制。佚游：游荡没有节制。宴乐：宴饮取乐。孔子说："对自己有益的快乐有三种，对自己有害的快乐也有三种。以得到礼乐的调节为乐，以传扬别人的好处为乐，以多交正直诚实的贤友为乐，就会对自己有益。以恣意妄为为乐，以纵情游荡为乐，以饮食荒淫为乐，就会对自己有害。"

成语"工欲善其事，必先利其器"，现在多被理解成强调"器"的重要，比喻要做好一件事,需先做好准备工作,正所谓"磨刀不误砍柴工"、"巧妇难为无米之炊"。

31. 巧言令色鲜仁

【原文】子曰:"巧言令色①,鲜矣仁②!"(《论语·学而第一》)

【注释】①巧言令色:花言巧语,献媚的容色。巧,好。令,善。色,脸色。②鲜矣仁:仁德很少。鲜,少。

【导读】孔子说:"花言巧语,一副讨好人的脸色,这样的人仁德是很少的。"

这是一幅惟妙惟肖的伪君子画像,成语"巧言令色"源此。

"巧言令色,鲜矣仁",这是继前一章(孝弟也者,其为仁之本与)正面说仁后,再从反面说仁。孔子强调人与人相处要直心由衷,真情示人,不必掩饰自己取悦于人;也不能掩盖私心,失去人格,同流合污。"好其言,善其色,致饰于外,务以悦人,则人欲肆,而本心之德亡矣。"(《朱子集注》)如果一个人很会讲话,喜欢阿谀奉承,装出非常善良的样子,这是以辞令容貌取悦人。这种人其实是虚伪狡诈放纵私欲的人,他致力于"饰外悦人",其内在的德已经亡失了。朱熹所说的"本心之德",就是"八德",即孝、悌、忠、信、礼、义、廉、耻。"八德"亡了,"仁"当然"鲜"了。

在中国古代,"仁德"被列为"四基德"、"五常德"之首,被视为"众善之源,百行之本",是"德之元",是人伦道德的核心和总纲,是做人的根本。《论语·里仁第四》有云:"苟志于仁矣,无恶也。"《论语·卫灵公第十五》有云:"志士仁人,无求生以害仁,有杀身以成仁。""仁"是比生命都重要的最高道德原则,甚至值得以生命来坚守和践行它。

《论语·宪问第十四》有一段对话,进一步告诉人们判定"仁"的标准就是"爱人",而且重在内容、强调本质。子路曰:"桓公杀公子纠,召忽死之,管仲不死。"曰:"未仁乎?"子曰:"桓公九合诸侯,不以兵车,管仲之力也。如其仁，如其仁。"因管仲没有自杀以殉公子纠，子路提出"管仲不能算是仁人吧"的询问，孔子则说："桓公多次召集各诸侯国的盟会，不用武力，都是管仲的力量。这就是他的仁德，这就是他的仁德啊！"

《大学》中的一段话也有助于我们进一步理解儒家之仁："唯仁人放流之，迸诸四夷，不与同中国。此谓唯仁人为能爱人，能恶人。"唯：唯有。放流之：把那些自私自利、不能容人的奸臣流放。迸：读作 bǐng，即"屏"，逐退。四夷：四方之夷，指古代少数民族地区。诸：之于。不与同中国：不让他在自己的国家留下来。中国：全国中心地区，不同于现代"中国"一词。奸佞小人就像毒疮一样是国家的大患，当远之、去之、逐之，不让其诱害良善，为祸国家。可见有仁德的人虽然仁慈宽厚，但并非不分是非的老好人。仁德君子，应该是非分明，惩恶扬善。那种好好先生，并非真君子。"乡愿，德之贼也。"（《论语·阳货第十七》）不分是非，同于流俗，言行不一，处处讨好的所谓"谨厚老实"之人，实际上是乱德祸国的伪君子。

32. 舍生取义

【原文】孟子曰："鱼，我所欲①也；熊掌，亦②我所欲也。二者不可得兼③，舍④鱼而取⑤熊掌者也。生，亦我所欲也；义，亦我所欲也。二者不可得兼，舍生而取义者也。"（《孟子·告子上》）

【注释】①欲：想要。②亦：也。③兼：同时具有。④舍：舍弃。⑤取：选取，求取，选择。

【导读】孟子说："鱼是我孜孜不倦想得到的，熊掌也是我日思夜想想获得的，这两样东西不能同时得到的话，我宁愿舍鱼而取熊掌。生命是我想要的，道义也是我想要的，这两种东西不能同时得到的话，我宁愿舍弃生命而选择道义。"

崇德重义是中国传统文化核心理念之一。仁、义、礼、智、信之五常德是每个个体自我修养的道德目标和行为准则。相对而言，孔子强调仁，提出了"杀身成仁"的命题；孟子强调义，提出了"舍生取义"的命题。孟子提倡惟义所在的准则，认为在民族大义、大是大非面前，实在不能兼顾，那就舍生取义。

"仁，人心也。义，人路也"（《孟子·告子上》）所谓仁，就是人的善心，是人之所以为人的根本；所谓义，就是人当行之道。义的本意是符合某种规范要求的道德行为，通俗地说，义就是道德上的"理当如此"。"道德方面的应该，无条件的应该，就是所谓义。"（冯友兰《中国哲学之精神》）如果说仁是作为人的最基本的道德理念、道德规定和道德追求的话，那么义就是道德君子做事的基本价值尺度，是君子日常生活中处理人我关系时，因事制宜、因时制宜、因地制宜地落实仁德追求和规定的恰当适宜的度量与法则。义意味着适宜、应当、正义、公平、情谊等等，义的重点是裁制事物使之适宜得体，符合道德。

"杀身成仁，舍生取义"是一种"义以为上"的大仁大义，体现了中国传统文化崇德重义和重视整体利益、强调整体至上的重要特点。这个整体包括民族、国家、社会。以民族和国家利益为重、顾全大局、克己奉公、乐于奉献，特别是以天下为己任的爱国主义精神，是中国传统文化优良的道德精神。"先天下之忧而忧，后天下之乐而乐"和"天下兴亡，匹夫有责"、"人生自古谁无死，留取丹心照汗青"等广为流传的名言，就是这一优良道德传统的生动体现。正是在这一优良道德传统的熏陶下，中国历史上涌现出一批又一批仁人志士，他们以天下为己任而力济苍生，为国家民族利益而无私奉献，他们"捐躯赴国难，视死忽如归"（曹植），"砍头不要紧，只要主义真。杀了夏明翰，还有后来人"（夏明翰）。五千多年来，中华民族虽历经无数内忧外患，但始终百折不挠，巍然屹立于世界之林，与中华民族具有深厚持久的爱国主义传统是密不可分的。

《论语》中有二十多处谈到义，从多个角度说明了何为义、如何义以及义的效用，列举如下以供体会。

"不义而富且贵，于我如浮云。"(《论语·述而第七》)

"君子喻于义，小人喻于利。"(《论语·里仁第四》)

"信近于义，言可复也。"(《论语·学而第一》)

"君子义以为质，礼以行之，孙以出之，信以成之。君子哉！"(《论语·卫灵公第十五》)

子路曰："君子尚勇乎？"子曰："君子义以为上。君子有勇而无义为乱，小人有勇而无义为盗。"(《论语·阳货第十七》)

"见义不为，无勇也。"(《论语·为政第二》)

"君子之于天下也，无适也，无莫也，义之与比。"(《论语·里仁第四》)

子曰："德之不修，学之不讲，闻义不能徙，不善不能改，是吾忧也。"(《论语·述而第七》)

子曰："群居终日，言不及义，好行小慧，难矣哉！"(《论语·卫灵公第十五》)

"隐居以求其志，行义以达其道。"(《论语·季氏第十六》)

"夫达也者，质直而好义。"(《论语·颜渊第十二》)

"上好义，则民莫敢不服。"(《论语·子路第十三》)

子路曰："不仕无义。长幼之节，不可废也；君臣之义，如之何其废之？"(《论语·微子第十八》)

33. 义之与比

【原文】子曰："君子之于天下也，无适①也，无莫②也，义③之与比④。"(《论语·里仁第四》)

【注释】①适：音 dí，意为亲近、厚待。②莫：疏远、冷淡。③义：适宜、妥当。④比：亲近、相近、靠近。

【导读】孔子说："君子对于天下的人和事，无可无不可，没有一个不变的主张，也没有必定的反对，一切只求合于义，怎么适合情礼就怎么做。"

"君子义以为质,礼以行之,孙(逊)以出之,信以成之。"(《论语·卫灵公第十五》)君子把义作为品格要求的标准,依照礼的方式去做,用谦逊的言语来表述,以诚信的态度来完成它。换言之,具有高尚道德人格的君子,一定是"礼"、"逊"、"信"地做到了遵"义"行事,达到了"恰当适宜"的理想效果并因此被称为君子。所以君子仁义、正义、大义、侠义、仗义,其为人公正、友善,讲道义、施义举,大义凛然、义薄云天,舍生取义、义无反顾。

何为"遵义行事"?就是以义为价值选择的标准,以义为行动处事的指南,就是按照义的价值原则、以"恰当适宜"为标准行事。但世事纷繁复杂,且时有不同、境亦有别,如何应对处事才能符合义的"恰当适宜"的标准?显然不可千篇一律、呆板固执,而应固守"恰当适宜"的结果导向,因事制宜、因时制宜、因地制宜地"义之与比"。所以道德君子修德行事严肃灵活而不厚此薄彼,尊德乐义,穷不失义,依义而行,义不容辞,"国耳忘家,公耳忘私,利不苟就,害不苟去,惟义所在"(贾谊《治安策》)。

34. 穷不失义,达不离道

【原文】曰:"尊德乐义,则可以嚣嚣①矣。故士穷②不失义,达不离道。穷不失义,故士得己焉;达不离道,故民不失望焉。古之人,得志,泽加于民;不得志,修身见于世。穷则独善其身,达则兼善天下。"(《孟子·尽心上》)

【注释】①嚣嚣:自得无欲的样子。②穷:困窘。

【导读】(孟子)说:"崇尚德,爱好义,就能悠然自得无所求。所以士人困窘时不失掉仁义,得志时不背离道德。困窘时不失掉仁义,士人能保持自己的操守;得志时不背离道德,士人就不会失掉民心。先贤志士,得志时,德泽加于民;不得志时,独治其身,以立于世间而不失其节操。穷困时独自修养身心,显达时共同造福天下。"

孔孟之儒认为，人可以也应该呵护、善养其仁心善性，可以也应该不断地修德践仁，最大化地实现人生价值。即君子贤人，应当内修仁德品质,同时要以符合道义的外在视、听、言、动落实内在的仁德品质。

孔子贵仁也倡义，强调"君子义以为质"(《论语·卫灵公第十五》),"见利思义"(《论语·宪问第十四》),"行义以达其道"(《论语·季氏第十六》),"富与贵,是人之所欲也,不以其道得之,不处也；贫与贱,是人之所恶也,不以其道得之,不去也"(《论语·里仁第四》)。《礼记》有云："临财毋苟得,临难毋苟免。"

相对而言，孟子更推崇义。在孟子看来，仁是做人的原则和理念，义是有所取舍地作为，以达到实现仁的目的。"大人者，言不必信，行不必果，惟义所在。"(《孟子·离娄下》)孟子提出要"尊德乐义"，甚至"舍生取义"。"尊德乐义,则可以嚣嚣矣。故士穷不失义,达不离道。"(《孟子·尽心上》)"生,亦我所欲也；义,亦我所欲也。二者不可得兼,舍生而取义者也。生亦我所欲,所欲有甚于生者,故不为苟得也；死亦我所恶,所恶有甚于死者,故患有所不辟也。"(《孟子·告子上》)

孟子主张自我主宰，即自己为自己做主——无论是得意还是失意，都要注重心性修养：穷困不失义，得意不离道。"穷则独善其身"显示了道家的豁达态度与出世境界，"达则兼善天下"体现了儒家的理想主义和入世精神。"独善"为退，"兼善"为进，人生之路需"进退有据"。

35. 仗义执言

【原文】 士未可以言而言，是以言铦①之也；可以言而不言，是以不言铦之也。是皆穿窬②之类也。(《孟子·尽心下》)

【注释】 ①铦(tiǎn)：探取，勾取。②穿：《说文》："穿，通也。"这里用为洞穿之意。窬(yú)："窬，穿木户也。"(《说文》) 这里用为打洞穿墙过去之意。《论语·阳货第十七》："色厉而内荏，譬诸小人，其犹穿窬之盗也与！"

【导读】一个读书人，不该和某个人交谈却（竭力巴结）交谈，这是用言语来讨好别人；该挺身而出说句公道话时却不说话，这是用不说话来讨好别人。这些都是钻洞爬墙的小偷行为。

孔子也说过类似的话："可与言而不与之言，失人；不可与之言而与之言，失言。知者不失人，亦不失言。"（《论语·卫灵公第十五》）意思是可以同他谈的话，却不同他谈，这就是失掉了朋友；不可以同他谈的话，却同他谈，这就是说错了话。有智慧的人既不失去朋友，又不说错话。

孔子和孟子都强调该说的话一定要说，不该说的话不能说。孔子是从智或不智的角度谈说或不说；孟子的"是皆穿窬之类也"则是从道德角度出发谈说或不说。

说话是一门艺术。要真诚地说话，说真诚的话，言语得体，仗义执言。虽然说"阿谀人人喜，直言个个嫌"，但君子还是要该说则说，不该说就沉默。犹如行动一样，"言语"与否，也要以是否符合道义为价值取向。当说的话，要义无反顾、义不容辞地说，仗义直言、义正词严地"择可言而后言"（《管子·形势解》）。

孔子曰："侍于君子有三愆（qiān，过失）：言未及之而言谓之躁，言及之而不言谓之隐，未见颜色而言谓之瞽（gǔ，盲人）。"（《论语·季氏第十六》）

36. 士为知己者死

【原文】晋毕阳之孙豫让，始事范、中行氏而不说①，去而就智伯，智伯宠之。及三晋分智氏②，赵襄子最怨智伯，而将其头以为饮器。豫让遁逃山中，曰："嗟乎！士为知己者死，女为悦己者容③。吾其报智氏之仇矣。"乃变姓名，为刑人，入宫涂厕，欲以刺襄子。襄子如厕，心动。执④问涂者，则豫让也。刃其扞曰："欲为智伯报仇！"左右欲杀之。赵襄子曰："彼义士也，吾谨避之耳。且智伯已死，无后，而其臣至为

报仇，此天下之贤人也。"卒释之。(《战国策·赵策一》)

【注释】①不说：不高兴。②三晋分智氏：春秋争霸逐渐使诸侯国晋国的实权由韩、赵、魏、智、范、中行六家大夫把持，六家各有地盘和武装，互相攻打。后来范、中行两家被打散了，只剩下智家、赵家、韩家、魏家四家。晋出公时期，韩、赵、魏三家联合杀掉了执掌智氏的智伯瑶，平分了智家的土地；然后又联手攻打晋出公，出公被迫出逃，结果病死在路上。韩、赵、魏三家又把晋国留下的其他土地也瓜分了。公元前403年，韩、赵、魏三家派使者到洛邑去见周威烈王，要求周天子把他们三家封为诸侯。周威烈王顺水人情地把三家正式封为诸侯，史称"三家分晋"。

"三家分晋"被视为春秋之终、战国之始。从那以后，韩、赵、魏都成为中原大国，加上秦、齐、楚、燕四个大国，历史上称为"战国七雄"，东周后期诸国混战的一段时期，被史家称为战国时代。③容：动词，修饰，打扮。④执：拿，捉拿。

*《战国策》又称《国策》，是中国古代一部国别体史书，也是中国古代一部游说辞总集，由西汉末年刘向编订并定名。全书按东周、西周、秦国、齐国、楚国、赵国、魏国、韩国、燕国、宋国、卫国、中山国等依次分国别编写，共三十三卷，主要记述了东周后期诸国混战、纵横家为其所辅之国提出的政治主张和外交策略，也展示了当时的历史特点和社会风貌。《战国策》是研究战国历史的重要典籍。

【导读】最初，晋国侠客毕阳的孙子豫让给范、中行氏做大臣，但都未受到重用，于是他就投奔智伯，被智伯宠信。后来韩、赵、魏三家打败了智伯并瓜分了智伯的土地，其中赵襄子最痛恨智伯，把智伯的头盖骨拿来作饮器。豫让逃避到山里，对人说："唉！志士为赏识自己的人而牺牲，女子为喜欢自己的人而打扮，所以我一定要替智伯复仇。"于是豫让就隐姓埋名化装成一个受过刑的人，潜伏到王宫里用洗涮厕所作掩护，以便趁机杀死赵襄子。不久赵襄子如厕，忽然觉得心跳加快，就下令把洗涮厕所的人抓来审问，才知道洗涮厕所的人是豫让。这时豫让竟拿出匕首说："我要为智伯报仇！"卫士要杀豫让，可是赵襄子却制止说："这是一位义士，我只要小心躲开他就行了。智伯已经死了，并没有留下子孙，他的臣子中有人肯来为他报仇的，一定是天下有气节的人。"最后把他放了。

豫让为了报答智伯的知遇之恩，吞炭漆身、伏桥如厕，多次行刺赵襄子未果，最后一次行刺失败被擒，豫让向赵襄子"请君（赵襄子）之衣而击之"，以寓报仇之意。如愿后仰天长啸，自刎而亡，留下了"士为知己者死"的千古绝唱。

"士为知己者死，女为悦己者容"出自这个典故，意思是"男人愿意为赏识自己、了解自己的人献身，女人愿意为欣赏自己、喜欢自己的人而打扮"。反映了因为知音难得，人们为了报答知己，虽万死而不辞的精神和气节。

37. 不学礼，无以立

【原文】陈亢问于伯鱼①曰："子亦有异闻乎②？"对曰："未也。尝独立，鲤趋③而过庭。曰：'学《诗》乎？'对曰：'未也。''不学《诗》，无以言。'鲤退而学《诗》。他日，又独立，鲤趋而过庭。曰：'学礼乎？'对曰：'未也。''不学礼，无以立。'鲤退而学礼。闻斯二者。"陈亢退而喜曰："问一得三。闻《诗》，闻礼，又闻君子之远④其子也。"（《论语·季氏第十六》）

【注释】①陈亢（gāng）：即陈子禽，名亢，字子禽。伯鱼：孔子之子孔鲤，"伯鱼"是孔鲤的字。②异闻：这里指不同于对其他学生所讲的内容。③趋：小步快走。表示恭敬的动作，在上级或长辈面前低着头快步走过去。④远：读作 yuàn，不亲近，不偏爱。

【导读】陈亢问伯鱼："你在老师那里听到过什么特别的教诲吗？"伯鱼回答说："没有呀。有一次他独自站在堂上，我快步从庭里走过，他说：'学《诗》了吗？'我回答说：'没有。'他说：'不学诗，就不懂得怎么说话。'我回去就学《诗》。还有一天，他又独自站在堂上，我快步从庭里走过，他说：'学礼了吗？'我回答说：'没有。'他说：'不学礼就无法立足于社会。'我回去就学礼。我只单独听到过这两件事。"陈亢回去高兴地说："我提一个问题，得到三方面的收获，听到了关于《诗》的道理，听到了关于礼的道理，还学到了君子不偏爱自己儿子的道理。"

"礼，履也，所以事神致福也。"（《说文解字》）礼的本义就是恭敬地做着向神祈福的事情，是一种祈神致福的仪式，引申为践履与合理、法则、规范之义。广义的礼包括一切道德规范、政治制度、社会风俗和生活准则等等。礼的作用是为了调节人与人之间的关系，使之和谐相处，礼的约束和调节功能，还可以在理政治国方面发挥化育民众的重要作用。儒家六艺"礼、乐、射、御、书、数"中，礼居第一位。

孔孟之礼，是"仁礼结合、内仁外礼"之礼。按照仁义道德理念和原则制定礼的内容或要求，通过一套完整可见的仪式（礼仪）来体现、表达和强化礼的约束功能和规范调节作用，强制性地使人在社会生活中的言行适宜于自己的身份和社会地位、政治地位。仁是礼的意义所在和内在根据，礼是仁的具体规范和实现方式；内心之仁是礼乐的基础，修养仁心美德重于企划礼仪。

"人而不仁，如礼何？人而不仁，如乐何？"（《论语·八佾第三》）"道德仁义，非礼不成……今人而无礼，虽能言，不亦禽兽之心乎……是故圣人作，为礼以教人。使人以有礼，知自别于禽兽。"（《礼记·曲礼》）

儒学从敬、让、忠、恕、信等多个道德角度和规则、秩序、文明等方面规范了为人守礼的具体要求。《论语·季氏第十六》云："君子有九思：视思明，听思聪，色思温，貌思恭，言思忠，事思敬，疑思问，忿思难，见得思义。"思，思考反省，含有自觉的意思，君子应该自觉地使自己的视、听、色、貌合乎礼义的要求，以成就自己道德生命，更好地利于社会、贡献社会。孔子的"君子九思"，被古代很多读书人视为立身处世的准则。"恭而无礼则劳，慎而无礼则葸（xǐ，畏惧），勇而无礼则乱，直而无礼则绞（jiǎo，说话尖刻伤人）。"（《论语·泰伯第八》）过分恭敬就会叨扰不安，过分谨慎就会畏怯犹豫，过分勇敢就会犯上作乱，过分直率就会着急伤人。即便是恭敬、谨慎、勇敢、直率等积极的内心美德，也必须约之以礼。

礼既是从内在道德品格出发对人外部践行仁德视、听、色、貌等言行的规范和要求，又是志士仁人养仁修德的方法。"克己复礼为仁"（《论语·颜渊第十二》），"克己"就是以礼克制自己的任性，战胜自己的贪欲等；"复礼"就是恢复言行的合礼化，践行仁义道德；克己复礼就是约束自己践仁行礼。孔子告诉颜渊"非礼勿视，非礼勿听，非礼勿言，非礼勿动"，这可以说是对视、听、言、动"约之以礼"，也可以理解成君子仁人修德复礼的方法。

《论语·泰伯第八》云"兴于《诗》，立于礼，成于乐"，《论语·季氏第十六》云"不学礼，无以立"。立是约之以礼的结果，即约之以礼使其成为一个有道德的人，从而立足于社会。所以朱熹谆谆告诫其后世子孙："诗书不可不读，礼义不可不知……"（《朱子家训》）

礼要宜于履行、合于道理、体乎人情。犹如义一样，礼的实施也要因时、因事、因地制宜。一方面时代在发展，社会在进步，礼也应该演化进步（当然，能够体现仁道等具有普遍意义和普世价值的部分不能变）；一方面礼的实质应该高于形式。《孟子·离娄下》有云："非礼之礼，非义之义，大人弗为。"如果形式上的礼违背了礼的仁道实质，就要按照礼的实质去做而不拘泥于形式；如果旧礼不合时宜，就应该改革它。这才是维护礼的本质，是真正的守礼。譬如现代社会的礼，指的是文明礼貌，是在人人平等交往原则下的相互尊重、相互敬爱，包括个人礼仪、社会礼仪、职场礼仪和公共礼仪等等，也在很大程度上影响社会大众的生活与工作。文明礼貌是人与人交往永不过时的要求，是与他人和谐相处、成就事业和减少怨愤、远离耻辱甚至灾祸的重要品德。

"道之以政，齐之以刑，民免而无耻；道之以德，齐之以礼，有耻且格。"（《论语·为政第二》）政和刑与德和礼都具有约束和调节的功能，但前者对于民的约束是外在的，后者才能触及内心深处，才是更为稳定和彻底的约束。孔子认为以道德、礼教化育民众的效果，也就是礼治的效果要优于行政、刑罚的手段。所以他又说"为国以礼"（《论语·先进第十一》）、"能以礼让为国乎？何有？不能以礼让为国，如礼何？"（《论语·里仁第四》）、"安上治民，莫善于礼"（《礼记·经解》）。

38. 敬人者，人恒敬之

【原文】仁者爱人，有礼者敬人。爱人者，人恒爱之；敬人者，人恒敬之。（《孟子·离娄下》）

【导读】有仁德的人爱别人，有礼的人尊敬别人。爱别人的人，别人常常爱他；尊敬别人的人，别人常常尊敬他。

礼是一种规则，根据社会生活方方面面的需求和仁义道德理念原则制定。礼通过一套制度、规矩、仪节以约束、调节人的行为。相较于仁，礼通过与人交往外在的言行态度来体现，又是内心仁德的表现形式和载体，内心之仁是外显之礼的本体。仁与礼，一内一外，教化大众，相辅相成。

礼乐教化的根本是要敬，"礼者，敬而已矣"（《礼记·曲礼》）。礼源自于对所礼对象发自内心的、真诚的谦和与敬畏，失却这种谦和与敬畏，礼就只能是一种虚伪浮夸而毫无意义甚至惹人生厌的形式。

敬人是一种礼节，也是"仁者爱人"的具体表现，即仁德者对待他人的一种表现。道德修养高的人，重视礼仪，彰显仁德，内心怀仁而敬爱他人——对父母尊重，对朋友敬重，对晚辈仁爱，对大自然敬畏。

仁爱的人爱别人，礼让的人尊敬别人；爱别人的人，别人也会爱他，尊敬别人的人，别人也会尊敬他。人与人之间，彼此交互敬爱，"克己复礼，天下归仁也"。

39. 温温恭人，维德之基

【原文】子曰："恭近①礼，俭②近仁，信近情。敬让以行此，虽有过，其不甚矣。夫恭寡过，情可信，俭易容也；以此失之者，不亦鲜③乎？"

《诗》曰："温温恭人，维德之基。"

子曰："仁之难成久矣，惟君子能之。是故君子不以其所能者病人④，不以人之所不能者愧人⑤。是故圣人之制行⑥也，不制以己，使民有所劝勉愧耻，以行其言。"（《礼记·表记》）

【注释】①近：接近。②俭：卑谦。③鲜：少。④病人：指责别人。⑤愧人：使别人感到惭愧。⑥制行："行制"，制定（行为）准则。

《礼记》是中国古代一部重要的典章制度选集，也是一部儒家思想的资料汇编，体现了先秦儒家的哲学思想、教育思想、政治思想、美学思想。

【导读】孔子说："恭敬接近于礼，谦逊接近于仁，诚信接近于人情。如果能以恭敬谦让的态度做人行事，即便有什么过失，也不会是什么大的过失。做到恭敬就会少犯过失，近乎人情就会让人信赖，为人谦逊就容易被人接受。这样做人而犯错误，不是少有的事吗！"《诗经》上说："温和恭敬的人，是道德的基石。"

孔子说："仁的难以成功由来已久，只有君子能够成功。所以君子不以自己能做到的事去责备别人，也不以别人做不到的事便让人家感到惭愧。所以圣人在制定行为标准时，不是以自己为标准，而是以中等水平的人为标准，使知道努力的人有所劝勉，不知道努力的人有所愧耻，以便共同实行圣人的教诲。"

孔子是古代士人修身养性的标杆。子贡总结夫子有"五德"："夫子温、良、恭、俭、让。"温：即温和，是说夫子以慈悲柔和之心待人，平易近人，和他在一起没有压力，非常舒服。良：即善良，是说夫子心地善良，以真诚的爱心关怀、帮助、照顾众生。恭：即敬，是说夫子对自己严肃谨慎，对外则敬人、敬事、敬物，"一切恭敬"。俭：即节约、节俭，是说夫子持身节俭不奢华。让：即谦逊、谦让、礼让，是说夫子于人无争、于世无求。

"仁之难成久矣"、"尧舜其犹病诸"，一个普通人如何修德践仁？答案是：从身边事做起，从小事做起；从为人处世、接人待物的点点滴滴做起。仁德者唯"义"所在，以"义"取舍，有为有不为；依"礼"而行，真诚、谦和地传达出内心之仁、之爱。仁德者宽厚包容，敏于行事，利国惠民，善待他人，时时注意温、良、恭、俭、让，"恭近礼，俭近仁"，"温温恭人，维德之基"。

40. 人而无信，不知其可

【原文】子曰："人而无信，不知其可也①。大车无𫐐②，小车无𫐄③，其何以行之哉？"（《论语·为政第二》）

【注释】①信：信誉，诚信。②大车：牛车。𫐐（ní）：牛车辕前横木两端的木销，是大车辕与车辕前横木相接的关键。③小车：马车。𫐄（yuè）：马车辕前横木两端的木销。

【导读】孔子说："一个人如果不讲信誉，真不知他怎么行得通。就像大车的横木两头没有活键，小车的横木两头少了关扣一样，怎么能行驶呢？"

作为中华优秀传统美德之一，信是一个人应具备的基本而重要的人格品质，是人之为人的根本、人格完善的基石、自立发展的依托。小到个体与个体、个体与团体组织的交往，大到团体之间、国与国之间的交往，可以毫不夸张地说：无信不通。

"人而无信，不知其可。"（《论语·为政第二》）"言忠信，行笃敬，虽蛮貊之邦，行矣。言不忠信，行不笃敬，虽州里，行乎哉？"（《论语·卫灵公第十五》）强调信是个人提高道德境界、安身立命的前提和基础；"与朋友交，言而有信。"（《论语·学而第一》），强调信是人与人之间友好相处、建立良好人际关系的基本准则。"上好信，则民莫敢不用情。"

（《论语·子路第十三》）"道千乘之国，敬事而信，节用而爱人，使民以时。"（《论语·学而第一》）子贡问政。子曰："足食，足兵，民信之矣。"子贡曰："必不得已而去，于斯三者何先？"曰："去兵。"子贡曰："必不得已而去，于斯二者何先？"曰："去食。自古皆有死，民无信不立。"（《论语·颜渊第十二》）是说信乃为政之道。

汉时董仲舒将信上升为"五常"之一，认为信是个人、家族、社会、国家存在的根基，丰富了信的道德功能，使其外延扩大到做人、为官、处世的基本道德范畴。如今，诚信作为社会主义核心价值观的重要内容，作为公民个人层面的基本道德要求，逐渐渗透到每个公民的日常生活中。诚信待人、诚信做事是践行社会主义核心价值观的重要体现。具体地说，就是在工作中恪尽职守、辛勤劳动，不投机取巧、不偷奸要滑；在生活中遵守诺言和契约，不言而无信、背信弃义；在社会交往中诚意待人、真实无欺，不虚伪、不奸诈。

41. 言必信，行必果，诺必诚

【原文】今游侠，其行虽不轨于正义①，然其言必信，其行必果②，已诺必诚，不爱其躯，赴士之厄困。既已存亡死生矣，而不矜其能③，羞伐其德④，盖亦有足多者焉⑤。（《史记·游侠列传》）

【注释】①轨：车轨。"不轨"犹言"不合"。正义：指当时的道德准则和法律。②果：坚定而不动摇。③矜：自我夸耀。④伐：夸耀。⑤多：称赞。

*《史记》最初称为《太史公书》或《太史公记》《太史记》，是西汉史学家司马迁撰写的、中国历史上第一部纪传体通史，被列为"二十四史"之首。全书包括本纪、世家、列传、表、书等130篇，记载了上至传说中的黄帝时代，下至汉武帝太初四年间3000多年的历史。规模巨大，体系完备，文字生动，叙事形象，对后世史学和文学的发展都产生了深远影响，其首创的纪传体编史方法为后来历代"正史"所传承。

作为中国古代第一部通史,《史记》与后来的《汉书》《后汉书》《三国志》合称"前四史"。刘向等人认为《史记》"善序事理,辩而不华,质而不俚";鲁迅先生在他的《汉文学史纲要》一书中称赞《史记》是"史家之绝唱,无韵之离骚"。

【导读】游侠的行为虽然不合乎当时的国家法令,但他们说话一定守信用,办事求结果,答应人家的事一定经过深入思考(可以兑现)的。不惜生命去解救别人的危难。做到了使危难的人获生,施暴的人丧命,却从来不夸耀自己的本领,以称道自己对他人的恩德为耻。他们也有值得称颂的地方。

《论语·子路第十三》有一段话:子贡问曰:"何如斯可谓之士矣?"子曰:"行己有耻,使于四方,不辱君命,可谓士矣。"曰:"敢问其次。"曰:"宗族称孝焉,乡党称弟焉。"曰:"敢问其次"曰:"言必信,行必果,硁硁然小人哉!抑亦可以为次矣。"硁硁(kēng)然:浅薄固执的样子。"硁硁然小人哉!抑亦可以为次矣"这句话的意思是:"说到一定做到,做事一定坚持到底,不问是非曲直地固执己见,那是一般人啊。但也可以说是再次一等的士了。"

这里的"小人"是相对于"君子"、"大人"而言,应该理解为普通人。不问是非曲直、固执浅薄地坚持"言必信,行必果",也是一种"信",所以孔子将这样的人列入士之末等。但这样的"信"未必妥当,甚至有可能违背道义。"义者,宜也",义是真信、大信的标准,要以义为标准法度对自己的言、行作出判断取舍。"君子贞而不谅"(《论语·卫灵公第十五》),意思是君子固守正道,而不拘泥于小信。贞:正的意思,也有的说是"大信"的意思。谅:即信,守信。"大人者,言不必信,行不必果,惟义所在。"(《孟子·离娄下》)

《左传》有言:"君子之言,信而有征。"(《左传·昭公八年》)所以君子要慎言力行。慎言:言语谨慎,言己所思,诺必合义,勿有放纵之意。力行:行动要坚定,对符合道义和实际情况之诺,竭力而行。

"君子欲讷于言而敏于行。"(《论语·里仁第四》)"君子耻其言而过其行。"（《论语·宪问第十四》）行是道德修养的最高阶段，只说不做是可耻的。一个积极养心修德之人，要学而思、思而行，学、思、行兼顾，不仅思想意识符合道德准则，而且要外化为具体的行动，把道德知识付诸实践，践履躬行，在事上磨炼，在实践中检验、深化道德知识，才能达到知行合一的境界。

42. 恭信适宜

【原文】有子曰："信近于义，言可复也①。恭近于礼，远耻辱也②。因不失其亲，亦可宗也③。"（《论语·学而第一》）

【注释】①信：约信，约言。义：合宜。复：犹"覆"也，践言，兑现诺言。②远：使……远离，避免。③因：依靠，凭借。亲：亲近之人。宗：主，可靠。

【导读】有子说："对别人的承诺符合实际情况和道义，那么所说的话就能够兑现践行。言行举止恭敬庄矜而合乎礼制，就不至遭受侮辱。依靠关系深的人，也就可靠了。"

信与义、恭与礼比较起来，义高于信，礼高于恭。不顾义否而固执地守信，就可能成为江湖哥们义气的信。"恭而无礼则劳"，为恭敬而恭敬，过犹不及，这种恭敬就可能因过分而流于谄媚扰人。一个内心坚守仁德道义的人，信而合义、谦恭中礼，望之俨然，即之也温，耻辱自然沾不上他的边。《论语·阳货第十七》云："好信不好学，其蔽也贼"，意思是喜好信实却不喜好学习，弊病是拘于小信而伤害自己。

先贤关于信的阐释很多，有时也与诚一并阐释。

"与朋友交，言而有信。"（《论语·学而第一》）

"人而无信，不知其可也。"（《论语·为政第二》）

"以信接人，天下信之；不以信接人，妻子疑之。"（《物理论·卷一》）

"言忠信，行笃敬，虽蛮貊之邦行矣。言不忠信，行不笃敬，虽州里行乎哉？"（《论语·卫灵公第十五》）

"君子义以质，礼以行之，孙以出之，信以成之。"（《论语·卫灵公第十五》）

43. 大信不约

【原文】大德不官①，大道不器②，大信不约③，大时不齐④。察于此四者，可以有志于学矣⑤。

三王之祭川也，皆先河而后海，或源也，或委⑥也。此之谓务本。（《礼记·学记》）

【注释】①大德不官：德行很高的人，他无所不宜，不限于担任某一官职。②大道不器：普遍的真理不限于解释某一具体事物。大道，事物的共同规律。器，具体的事物。③大信不约：很守信用的人不立约就能守信。④大时不齐：春夏秋冬依其内在不同的节律运行，天道生生不息，不同的阶段有生有长有收有藏。⑤察于此四者，可以有志于学矣：懂得了这四层道理，就可以懂得做学问要把握本质，从根本着手了。⑥源：水的源头。委：水的聚汇之所，归宿。

【导读】德行高的人，不局限于能担任某一种官职；普遍的规律，不仅仅适用于某一事物；真正守信的人，不立誓约也能信守；天道春夏秋冬四时变化，寒来暑往，运行不止，生生不息。领会到这四点，就可以懂得做事求学要把握本质，抓住根本了。

三王祭祀百川的时候，都是先祭河后祭海，因为河是海的水源，海是河流的汇聚。这就叫做抓住了根本。

"君子务本，本立而道生。"做人识人也好，修学做事也罢，抓住本质而不拘泥于形式是关键。大信之人，信由心生，信成习惯，不约而信很正常。大家都致力于言而有信，做一个大信之人，获得他人普遍的信任，形成一个诚信的社会，对人对己都大有裨益。

44. 百巧输诚

【原文】名不可简而成也，誉不可巧而立也。（《墨子·修身》）

【注释】＊墨子（约公元前 479—前 381 年）出身社会下层，最初受业于儒家，后脱离儒家创立墨家并反儒。

儒墨同为春秋战国时期显学，当时有"不入于儒，即入于墨"之说。墨家被视为中国最早的民间结社组织，有着严密组织和严格纪律。墨家的基本思想主要有以下几点：

兼爱：去亲疏、无差别的博爱，明显有别于儒家的"爱有差等"。非攻：反对侵略战争。尚贤：不分贵贱唯才是举，大有否定儒家"亲亲"之意。尚同：上下一心为民服务，为社会兴利除弊。节用：节约以扩大生产，反对奢侈享乐。

墨子还是一个杰出的科学家，在力学、几何学、代数学、光学等方面，都有重大贡献。《墨经》中提出了"端"、"尺"、"区"、"穴"等概念，大致相当于近代几何学上的点、线、面、体。李约瑟指出："墨家思想所遵循的路线如果继续发展下去，可能已经产生欧几里得几何体系了。"

【导读】好的名声不是轻易形成的，好的称誉是不能通过投机取巧的办法建立的。

《说文》曰"诚，信也"，又言"信，诚也"。信与诚意义相通，常合称诚信。朱熹说："诚者，实也。"又说："诚是自然底实"。诚，就是真实、实在，没有虚假。《中庸》"诚者，天之道也"，天道，即自然之道、自然规律或事物的本然平常状态。人之诚就是良心无遮蔽状态，是人性之善真实无妄的现实呈现。信侧重指外在的言行与内心的仁德忠实一致，诚实守信就是真实无欺，所作所为是其内心所思所想的忠实表现。诚实守信，是一个人重要的道德标准，也是与人交往的准则和社会和谐的基础。

"百虑输一忘，百巧输一诚。"（顾图河《任运》）考虑再周密，若有疏忽就可能失败；技艺再精巧，若缺乏真诚也无法成功。

"天下无憨人，岂可妄行欺诈。世上皆苦人，何能独享安闲。"（王永彬《围炉夜话》）天下没有真正的笨人，怎么可以任意地去欺侮诈骗他人呢？世上大部分人都在吃苦，我怎么能够独自享受闲适的生活呢！

"心不妄念，身不妄动，口不妄言，君子所以存诚；内不欺己，外不欺人，上不欺天，君子所以慎独；不愧父母，不愧兄弟，不愧妻子，君子所以宜家；不负国家，不负生民，不负所学，君子所以用事。"（《格言联璧·持躬》）没有不正的念头，没有不规矩的动作，没有乱说的话，这是君子保持诚信的表现；内不欺骗自己，外不欺骗别人，也不欺骗上天，这是君子独处时谨慎的表现；不愧对父母，不愧对兄弟，不愧对妻子儿女，这是君子对家庭负责的表现；不辜负国家所托，不愧对百姓的期望，不辜负自己所学，这是君子对社会尽责的表现。

45. 养心莫善于诚

【原文】君子养心莫善于诚，至诚则无它事矣。惟仁之为守，惟义之为行。（《荀子·不苟》）

【注释】＊荀子（约公元前313—前238年），名况，字卿，战国时期赵国郇人。曾在齐国稷下学宫讲学，三为祭酒。

荀子是先秦儒家代表人物之一。荀子思想一方面成为绵延数千年的庞大儒家礼学体系的理论基础；另一方面，对法家思想的形成起到了巨大的推动作用。法家的主要代表人物韩非、李斯都是荀子的正宗弟子。

荀子最著名的思想是性恶论，包含两个层面的含义：一是性格伪善，二是化性起伪。所谓性格伪善，是说自然人性为恶，而人为努力为善；自然人性以情欲为主，人为努力以道德为主。所谓化性起伪，是说将自然的情欲恶性转化为道德的善性。

在政治思想上，荀子以是否符合"礼义法度"区别"善"和"恶"。人性天生是"恶"，经过"师法之化"、"礼义之道"，才能至"善"；顺人的本性则"偏险而不正，悖乱而不治"。荀子主张"隆礼"、"崇法"，"礼"与"法"结合治理国家。

【导读】君子修养身心没有比真诚更好的了，做到了真诚就无需其他养生的方法。只要守住仁德，只要奉行道义就行了。

"诚者，天之道也。思诚者，人之道也。"（《孟子·离娄上》）真诚是自然之理，心地真诚是为人处世之理。诚是人生修养的一个极为重要的目标和境界。秉持诚的心意，以真诚为行为准则，内心真诚无欺才能外显如约守信。

作为贯穿古今的核心价值，诚信是由诚与信两个范畴组合而成的，诚是信的内在精神源泉，而信是诚的外在忠实表现，践行诚信需要常常涵养内心之诚，而不能舍内求外，舍本逐末。

"学贵信，信在诚。诚则信也，信则诚也。不信不立，不诚不行。"（程颢、程颐《二程集·河南程氏遗书》）

"实言实行实心，无不孚人之理。"（吕坤《呻吟语》）说话实在，办实事在，为人实在，没有不被人信服的道理。

"事上宜以诚，诚则无隙，故宁忤而不欺。不以小过而损大节，忠也，智也。"（张居正《权谋残卷》）对待上司要真诚，真诚就没有距离。所以宁可当面顶撞上司，也不要欺骗他。不要因为自己犯的小过错却损失了大的方面，这是忠诚，是智慧。

"精诚所至，金石为开。"（范晔《后汉书·广陵思王荆传》）人的诚心所到，能感动天地，使金石为之开裂。

"唯天下至诚，为能经纶天下之大经，立天下之大本，知天下之化育。"（《中庸》）只有天下最为真诚的人，才能成为治理天下的崇高典范，才能树立天下的根本法则，才能了解天下万物生长的深刻道理。

"欲当大任，须是笃实。"（程颢、程颐《二程集·河南程氏遗书》）想要担负重要的责任，必须为人踏实，不浮夸。

孟子曾说"养心莫善于寡欲"，荀子说"君子养心莫善于诚"，这是从不同角度说明如何护养道心、修德养性，并不矛盾。

46. 诚之者，人之道

【原文】诚者，天之道也；诚之者，人之道也。诚者，不勉而中，不思而得，从容中道，圣人也。诚之者，择善而固执之者也。

博学之，审问之，慎思之，明辨之，笃行之。^①有弗学，学之弗能，弗措^②也；有弗问，问之弗知，弗措也；有弗思，思之弗得，弗措也；有弗辨，辨之弗明，弗措也；有弗行，行之弗笃，弗措也。人一能之己百之^③，人十能之己千之。果能此道矣，虽愚必明，虽柔必强。(《中庸》)

【注释】①固执：坚守不渝。执，握住。博学：学习要广泛涉猎。审问：有针对性地提问题。慎思：学会周全地思考。明辨：形成清晰的判断力。审：详尽。慎：严谨。明：清楚。笃：笃实。朱熹说："此诚之目也。学、问、思、辨，所以择善而为知，学而知也。笃行，所以固执而为仁，利而行也。"②弗：不。措：废止，放弃。③人一能之己百之：别人用一分努力能做到的，我用百分努力去做。

【导读】真诚是天道运行的原则，追求真诚是做人的原则。天生真诚的人，不用勉强就能真诚自然，不用思考就会言行得当，他的言行举止，自然而然地符合中庸之道，这样的人是圣人。努力做到真诚，就要选择美好而且符合道德的目标执著地追求。

要广泛地学习各种知识，详尽地探究事物的原理，对所学的东西周密地思考，明辨是非，扎扎实实地实践它。要么不学，学了没有学会绝不罢休；要么不问，问了还不明白绝不罢休；要么不想，想了没有想通绝不罢休；要么不分辨，分辨了没有分清楚绝不罢休；要么不实行，实行了没有成效绝不罢休。别人用一分努力就能做到的，自己用一百分的努力去做；别人用十分努力就能做到的，自己用一千分的努力去做。如果真能够做到这样，虽然愚笨也一定可以聪明起来，虽然柔弱也一定可以刚强起来。

"诚之者，人之道也。"圣人自诚而明，不勉而中，不思而得，从容中道，芸芸众人如何追求真诚？《中庸》的答案是，"诚之者，择善而固执之也。博学之，审问之，慎思之，明辨之，笃行之"。《论语》有"君子学以致其道"的说法，西汉董仲舒说"君子不学，不成其德"，东汉王充则说"所谓圣者，须学以圣"。学而时习、择善固执是修行真诚之道的不二选择。

关于修行真诚之道，朱熹指出，学、问、思、辨、行五者是重要的课目，并说"此诚之之目也"；程颐说"五者废其一，非学也"；荀子提出"不知则问，不能则学，虽能必让，然后为德"，不仅要审问博学，还要谦让有礼。明末清初的大儒顾炎武又进一步强调"博学而笃志，切问而近思"，把为学与立志、善问与慎思结合起来。经过众多先贤大儒的阐释，"博学、审问、慎思、明辨、笃行"的为学修德价值越来越明确，社会影响越来越大，如今已成为很多人的座右铭，也被不少大学引为校训，例如中山大学的"博学、审问、慎思、明辨、笃行"，华南理工大学的"博学慎思，明辨笃行"，再如复旦大学的"博学而笃志，切问而近思"，黑龙江大学的"博学慎思，参天尽物"。

"故至诚无息，不息则久。"（《中庸》）极端真诚是没有止息的，没有止息就会保持长久。真诚是一个不断修养的过程，也是内修于心、外修于行的过程，追求真诚不仅要择善固执、人一己百，而且要表里如一、内外一致，前后一贯、言行相顾。所以君子"仁、义、礼、智根于心"（《孟子·尽心上》），君子慎独，君子中庸。

《大学》提出格致诚正、修齐治平，内修外治、内圣外王。《中庸》提出择善固执，追求自明诚、尽性育物。孟子则说："尽其心者，知其性也。知其性，则知天矣。存其心，养其性，所以事天也。"（《孟子·尽心上》）能够尽力扩展自己的善良本心，就是觉悟、回归了自己的本性。觉悟、回归了自己的本性，就懂得了天命。保存自己的善心，养护自己的本性，（人）应该这样面对天命。王阳明提出致良知知行合一："心外无物，心外无事，心外无理"（《传习录》）。无善无恶心之体，有善有恶意之动，知善知恶是良知，为善去恶是格物。良知即是天理，天理就是大众普遍认可的、存在于天地万物中的规则、规律，在外物是天理，在人的内心则表现为良知。致良知就是启发并保持良知，就是按照本心良知做人，按照天命之理做事。任何违背天理人性的言行都是不正常的，都有背于心与理合一、知与行合一。

仔细比较分析《大学》《中庸》、孟子与阳明心学的说法不难发现，格物致知修齐治平、诚意率性择善固执与尽性知天存心养性、致良知知行合一都特别强调修心养性的重要，而且真诚率性是内修外治的关键一环。

"诚者，天之道也。诚之者，人之道也。"涉诚之词都很美，譬如诚实、诚信、真诚、坦诚、忠诚、诚心诚意、赤诚、精诚，等等。真诚是做人行事、立世治人必备的美德。

47. 文质彬彬，然后君子

【原文】质①胜文②则野③，文胜质则史④。文质彬彬⑤，然后君子。（《论语·雍也第六》）

【注释】①质：朴，质朴，率真。②文：色彩交错，引申为文雅。③野：《说文解字》指郊外，"野人"就是乡下人，这里是粗鄙的意思。④史：记载历史的书籍。引申为虚浮、虚伪。⑤彬彬：这里指文和质均匀配合的样子。

【导读】（一个人）质朴胜过文采，就显得粗鄙；文采胜过质朴，就显得虚伪。文采和质朴兼备，配合恰当，相辅相成，然后才能成为君子。

人有表里。礼貌、文采等等是外在的、表象的，道德品行则是内在的、本质的。外在的言行文雅，内在的品质优良，内修外显相当相称才能够称为君子。成语"文质彬彬"出自《论语·雍也第六》，原本形容人的气质既文雅又朴实，后来也用来形容人的行为端正文雅有礼貌。

君子是中国传统文化中一个特殊的群体，是孔子为倡导修德践仁而改造、塑造的一个大众可效仿的形象。孔子提出"仁者爱人"，主张"为仁由己"，明确提出人可以也应该自觉地行仁爱人。为了鼓励大众修德践仁并增强其修德践仁的信心，孔子改造、塑造了一类人，这类人就是"君子"。

春秋时代之前，君子是指社会地位高、掌握统治权力的人，即贵族。王力先生认为，"最初君子是贵族统治阶级的通称"。孔子对君子进行了改造，使之变成了偏指有道德的人，"君子，成德之名"（朱熹《论语集注》）。孔子用仁、义等道德范畴来标示君子和小人的区别，目的是强调人的教育教养、文明程度、精神素质有高低、文野、美丑之分，倡导人们学君子、做君子，希望形成一个众大的"君子价层"，并进而主导社会，使"礼崩乐坏"变成井然有序，社会和谐、安乐。

相较于社会地位高的君子而言的小人，指处于社会底层的普通民庶。相较于对自身内在的仁德有所体认并立志修德行仁的君子，小人就是对自身之仁性缺乏自觉而不积极修德行仁的人。孔子经常将两者对举，以相互突显，便于领悟。

儒家把具有至高无上道德的人称为圣人圣贤，但这样的"人杰"巅峰"高不可攀"，普通人学不了、做不到。孔子改造、塑造后的君子，是一个大众身边看得见的、活生生的人，这样的人所达到的道德高度，普通人经过努力也能够达到。被孔子改造后的君子，成了道德的承担者，道德的形象体现。孔子把道德的内涵和道德实现的可能性都落实在君子的身上，并从很多方面对君子的道德形象进行描述，以便众人对标学习。君子一词，在《论语》中出现107次，贯穿始终。辜鸿铭先生说："孔子全部的哲学体系和道德教诲可以归纳为一句话，即君子之道。"

48. 君子好学

【原文】 子曰："君子食无求饱，居无求安，敏于事而慎于言①，就有道而正焉，可谓好学也已②。"（《论语·学而第一》）

【注释】 ①敏：勤奋，敏捷。慎：谨慎。②就：接近，靠近。有道：德行很高的人。正：匡正。也已：表示肯定。

【导读】孔子说："君子饮食不追求饱足；居住不追求安逸；对工作勤奋敏捷，说话却谨慎小心；接近有道德有学问的人并向他学习、匡正自己，这样就可以称得上是好学了。"

君子笃于学问修德，知止而定、而静、而安、而虑，而明本末、知先后，所有精力都放到求学修德上，哪里还顾得上饮食居住好坏的事？子曰："士志于道，而耻恶衣恶食者，未足与议也。"（《论语·里仁第四》）

具有内在的自觉性和主动性是人的突出特性，君子更是修德践仁，勇于担当，以"教化"众人为己任，"任重而道远"。孔子认为，专心、自觉于修德学问的君子，"食无求饱，居无求安"，"敏于事而慎于言"，"就有道而正焉"，"如切如磋，如琢如磨"，即使"惶惶如丧家之犬"，也要"知其不可而为之"。

"事难行，故要敏；言易出，故要谨。"（《朱子语类》）"君子欲讷于言而敏于行。"（《论语·里仁第四》）"君子耻其言而过其行。"（《论语·宪问第十四》）

49. 君子和而不同

【原文】君子和①而不同②，小人同而不和。（《论语·子路第十三》）

【注释】①和：各方面彼此不同的东西又能和谐地配合或达到实质上的统一叫做和。"和"强调了一种有差别的、多样性的统一，即"多元"、"和谐"。②同：相同的东西相加或与人相混同，叫做同。小人同而不和之"同"，各方面完全相同，这是一种无原则的虚假的"同"。

【导读】君子尊重个性、坚持原则，不随便附和，又调和彼此，做到与他人和谐相处；小人则是为了私利没有原则地曲己从人，虽然随声附和却不能包容调和，不能与人和谐相处。

中国传统文化高度重视和谐与统一。西周末年的史伯就提出了"和实生物，同则不继"，大意是：和确实能生成万物，同就无法增益，只能止步不前。

　　和谐统一，并不是无差别的齐一化，而是多样性的有序并存。和，是不同的事物相承相继、协调平衡，是多样性的统一；同，是相同事物的重复、叠加，单一而无生机。和，使万物不断地生成繁衍、丰富发展；同，只是量的增加而没有质的变化。表现在人际关系上，同是唯唯诺诺，无原则苟合或同流合污；和则是有原则的和谐相处，协调平衡，是小事讲团结，大事讲原则。

　　君子不会无原则地盲目附和苟同，但又能为公心、为众利坦诚相待，融洽相处，各尽其能，相互支持。君子和而不同，美美与共，秉持道心，追求和谐，却不会结党营私、蝇营狗苟；但小人为求私利可以不讲原则地违心附和别人，也可以为了私利随时攻击对方。小人之同是一时之同、私利之同，是一种"同而不和"。

　　"君子矜而不争，群而不党。"（《论语·卫灵公第十五》）君子庄重而不与他人争执，合群但不结党营私。

　　《中庸》云："和也者，天下之达道也。"孔子倡导"和为贵"，也主张"和而不同"。和而不同的价值取向对个人修养、人际交往和理政治国都具有一定的借鉴意义。

50. 君子泰而不骄

　　【原文】子曰："君子泰①而不骄②，小人骄而不泰。"（《论语·子路第十三》）

　　【注释】①泰：舒缓，舒坦。②骄：骄傲、骄慢。

　　【导读】孔子说："君子安详舒泰而不骄傲凌人，小人骄傲凌人而不安详舒泰。"

　　《论语》常将君子和小人对比着说，以显示其人格生命的高下。君子是小人效仿的榜样，一般的普通人需要向君子学习，此处亦然。一君子一小人，一泰一骄，一坦荡荡一长戚戚。泰实则是君子内心之静的外在表现，而小人内心之肆则从一个"骄"字中形象地跃出。欲得君子之泰，需修内心之静，内静则外安，安则泰。

如何修内心之静？"君子无众寡，无小大，无敢慢，斯不亦泰而不骄乎？"（《论语·尧曰第二十》）在君子心中，人没有高低贵贱之分，财没有大小多少之别，他内心安详平和，无思无虑，对任何人都谦谦有礼，开诚布公，光明坦荡，不骄横也不拘谨，所以君子很安详舒泰。而小人呢？他心怀私念，患得患失，或骄横跋扈、趾高气扬，或自卑恐惧、拘谨不安，小人整日担忧恐惧，如何能得安详舒泰？

"君子戒慎恐惧，性分之事已尽无歉，道德润身，心广体胖，安舒自得。小人纵欲灭理，非礼之事无所不为，惟才势自恃，志得意满，矜夸自足。"（《四书解义》）

51. 君子坦荡荡，小人长戚戚

【原文】子曰："君子坦荡荡①，小人长戚戚②。"（《论语·述而第七》）

【注释】①坦荡荡：胸怀平坦广大。坦，平坦。荡荡，宽广的样子。②长戚戚：常怀忧惧。长，长久。戚戚，忧虑的样子。

【导读】孔子说："君子总是胸怀宽广、光明磊落，小人却总是心地局促，忧愁悲伤、患得患失。"

君子蕴公心，念众利，胸怀宽广，心存善良，兼具仁爱、智慧而且勇敢的美德，待人处事有理有节，舒展自如，堂堂正正，大大方方。温良恭俭让，君子坦荡荡。"坦荡荡"是人生修养的一种很高的境界。"履道坦坦，幽人贞吉。"（《易经》）为人处世胸怀坦荡，即使无故蒙冤也会有吉祥的征兆。

"君子不为名牵，不为利役，便俯仰无愧，便坦荡自得。小人不为名牵便为利役，未得患得，既得患失，便是长戚戚。"（李颙《四书反身录》）《中庸》有云"君子居易以俟命，小人行险以徼幸"，是说君子修身养性，心平气和而安分守己，等待天命的安排，他能戒慎无妄，常自我反省、改过自新，自然就"坦荡荡"；小人私心太重，欲念太多，思名贪利，患得患失，甚至心存侥幸，肆无忌惮地争名夺利，所以他忧、他惧，他"长戚戚"。朱熹《四书集注》引程颐说云："君子循理，故常舒泰；小人役于物，故多忧戚。"

52. 君子喻于义

【原文】 子曰："君子喻①于②义③，小人喻于利④。"（《论语·里仁第四》）

【注释】 ①喻：明白，通晓，这里译为"懂得"。②于：对于。③义：道义，指合理的行为，恰当的抉择。④利：利益。

【导读】 孔子说："君子懂得的是公义，小人懂得的是私利。

"君子唯义是从，小人唯利是图。"君子于事，必辨其是非公义，所谓"见利思义"、"见得思义"，"君子爱财，取之有道"，"不义而富且贵，于我如浮云"，甚至可以"舍生取义"；小人于事，则只计其私利，念于己有多少好处，"放于利而行"，为一己之私甚至可以不择手段，所以小人"多怨"，小人"长戚戚"。

此所谓的"利"，是一己之私利；此所谓的"义"，是"事之所宜也"，是公道、正义，是公众之利。"先义而后利者荣，先利而后义者辱。"（《荀子·荣辱》）出发点是公众大义并且做了利国利民利大众的事，获得晋升、荣誉等个人利益，理所当然，无可厚非。

"义"与"利"是中国伦理思想中一对重要的范畴，所谓义利关系，实际上就是道德与利益的关系。应该提倡见利思义，见义思辱，以义制利，重义轻利，但也没有必要把义和利对立起来。

53. 君子成人之美

【原文】君子成①人之美，不成人之恶。小人反是②。(《论语·颜渊第十二》)

【注释】①成，朱熹《四书集注》："成者，诱掖奖劝，以成其事也。"②反是：与此相反。是，此。

【导读】君子成全别人的好事，而不助长别人的恶处（干坏事）。小人恰恰与此相反。

所谓君子成人之美，是说有德行的人，总是尽心竭力成全别人的好事。其实，早已有无数事实证明，君子以博大的胸怀关爱和尊重他人，在情感上给人以慰藉，在生活或事业上给人以帮助，积德行善的同时，也可促进自身更好地修养发展，正所谓"成人达己"，利人利己。

但君子成人之美，需遵循"唯义所在"的原则，要辨明成的是否是真正的美。两肋插刀的所谓义举，极有可能会违背初衷而助小人成坏事。"乡愿，德之贼也。"(《论语·阳货第十七》)如果严重地不辨是非做老好人，极有可能助纣为虐，所以君子也要懂得拒绝。

君子如何"成人"？朱熹《四书集注》："成者，诱掖奖劝，以成其事也。"诱掖奖劝：汉语成语，意思就是引导扶持，奖励劝勉。

54. 君子慎独

【原文】所谓诚其意者①，毋自欺也，如恶恶臭，如好好色，此之谓自谦②，故君子必慎其独也③。

小人闲居为不善，无所不至，见君子而后厌然，掩其不善，而著其善④。人之视己，如见其肺肝然，则何益矣。⑤此谓诚于中，形于外，故君子必慎其独也⑥。

曾子曰："十目所视，十手所指，其严乎⑦！"

富润屋，德润身⑧，心广体胖⑨，故君子必诚其意。(《大学》)

【注释】①诚其意：使意念真实无妄。诚，真实，无妄无欺，平常正常的状态。朱熹云："诚者，真实无妄之谓也，天理之本然也。"《中庸》有言："诚者，天之道也。诚之者，人之道也。""诚者，物之终始，不诚无物。"明末清初的王夫之提出："夫诚者，实有者也。有目所共见，有耳所共闻。"真诚是一种真实不欺的美德，"慎独"正是君子内具真诚之德的外在表现。真诚是天地万物生存运行的法则，贯穿于事物发端和终结的始终，违背真诚者难以续存，缺少真诚者难以成事。"唯天下至诚，为能尽其性；能尽其性，则能尽人之性；能尽人之性，则能尽物之性；能尽物之性，则可以赞天地之化育；可以赞天地之化育，则可以与天地参矣。"（《中庸》）诚是极高的精神境界，是具有强大精神力量的美德，至诚之人不仅可以充分发挥自己的本性，而且可以使别人充分发挥本性，可以使万物充分发挥本性，可以帮助天地化育万物，可以与天地并列为三。"诚者，非自成己而已也。所以成物也。成己仁也，成物知也，性之德也，合外内之道也。故时措之宜也。"（《中庸》）真诚不仅可以成就自我，而且可以成就事物。成就自我是仁，成就事物是智。诚是人性固有的美德，是融合自身与外物、做人行事的法则，而且是随时随地可施行的法则，即所谓"诚之者，人之道也"，"道不可须臾离也"。②毋自欺：即内心所想与外在表现一致，外在的言行神色是内心所思所想自然而然的流露。毋，不要。恶恶臭：第一个"恶"，音 wù，是动词，厌恶；后一个"恶"，音 è，形容词，污浊的，腐臭的。好好色：喜爱美色。前一个"好"，音 hào，动词，喜欢；后一个"好"，音 hǎo，形容词，美丽。谦：通"慊（qiè）"，满足，快乐。③慎其独：谨慎地对待自己独处的时候。④闲居：独处。厌然：自我掩饰。掩：掩盖。著：使……显著。⑤此句译为：自己为善或者作恶，旁人洞若观火，自我张扬或自我掩饰都是毫无益处的。⑥诚于中：使内心真诚。形于外：显露于外表。⑦十：所有。严：畏惧。⑧德润身：德能滋润其身，使身有光荣见于外。⑨心广体胖：心无愧怍，则广大宽平，而体常舒泰。胖（pán），舒泰。

【导读】所谓心意诚实，就是不欺骗自己的本心。就像讨厌不好的气味、喜欢美色一样，自然流露，毫不造作，真情外溢，自然而然。所以君子独处的时候，一定要谨言慎行。

小人平时苦心积虑，无恶不作；见到君子，便极力掩饰自己的坏处，张扬自己的好处。可是别人好像看见他的肺肝一样清清楚楚地洞察他的作为，自我掩饰或者张扬又有什么益处呢？这就叫做内心的真诚，一定会自然而然地显现出来，所以君子即使在独处的时候也一定要谨慎，不可随便啊！

曾子说："所有人的眼睛看着你，所有人的手指着你，这是多么可怕啊！"

财富可以把房子装饰得漂亮，美德可以使人身心润泽，坦然安泰。所以君子一定要做到内心的意念真实无妄。

"芝兰生于幽林，不以无人而不芳。君子修道立德，不以穷困而改节。"（《孔子家语》）品德高低不同之人独处时表现不同，前者意念诚实不欺，即便独处仍为善去恶，修身立德，所以他何时何地都"坦荡荡"；后者人前装模作样，独处则肆无忌惮，表里不一、阴谋诡计，所以他难免"长戚戚"。

《中庸》有云："莫见乎隐，莫显乎微，故君子慎其独也。"意思是隐蔽时也会被人发现，细微处也会昭著，君子即使一个人独处、无人注意的时候，也要谨言慎行，不做失道失德的事。见：显现。乎：于。隐：暗处。微：细事也。独：人所不知而己所独知之地。

自省、慎独是儒家提出的重要的修身方法。慎独是一种理智的自律，是一种较高的道德修养境界。"人心惟危，道心惟微"，从人性的角度来说，独处时也是最容易被私欲攻破的时候，一旦破防，就有可能很快溃堤，正所谓"从善如登，从恶如崩"（《国语·周语下》）。

55. 君子中庸

【原文】仲尼曰："君子中庸①，小人反中庸。"（《中庸》）

【注释】(①中庸：即中和。朱熹讲："中庸者，不偏不倚，无过无不及。"中庸是儒家大力倡导的处世之道。

【导读】君子能做到顺常理处事而恰到好处，无过无不及；小人的行为则是违背中庸之道的。

"仲尼不为已甚者"(《孟子·离娄下》)，意思是孔子不做（办事）太过火的人。有道德修养的人，存公心念大义，心理和行为都符合常道，待人谦谦有礼，说话开诚布公，做事磊落坦荡，容貌温和，喜怒有度，而小人恰恰相反。正所谓"君子之中庸也，君子而时中；小人之反中庸也，小人而无忌惮也"。意思是君子中庸，重视"中道"，随时做到合度适中，无过无不及；小人违背中庸，唯利是图，肆意妄为，常走"极端"。

何为"中庸"？"中庸"不是所谓的平庸和圆滑，中庸之道也不是和稀泥之道。"中"就是"适中"，是不片面、不极端、不偏激，是无过无不及的恰到好处，是现实中各种力量、关系的平衡；"庸"即平常、常态，是普通、正常。"中庸"就是动态地把握现实中各种力量和关系的平衡点，以期天地万物各安其位，平常正常，一切处于和谐之中。"中无定体，随时而在"，世事常处变化中，其"平衡点"也会发生变化，所以君子要"与时俱进"地"时中"。

事物的健康发展、问题的妥善解决、社会的稳定和谐等等，都建立在"适中"、"平衡"的基础上，因而离不开中庸。人体要健康，阴阳要平衡；庄稼要苗壮，旱涝要平衡；经济要发展，环境也要保护；国家要强大，需要兼顾工业、农业、服务业等各行各业的发展平衡；高考拿高分，需要平衡所有学科的学习；饭不能吃的太多，也不能吃的太少；工作不能太累，也不能太轻松，有张有弛，才是文武之道……总之，工作生活中处理具体问题、具体事务时，要注意圆融中道，不偏激极端，不片面狭隘，尽力把握各种力量和关系的平衡点，使各项事务、各种力量、各种关系，都各得其所，各安其位，凝心聚力，各展才华。

　　某种意义上说，中庸是一种极有价值的思维方式、世界观和方法论，但现实中大多数人却很难做到不偏不倚、"允执厥中"，其根本原因就在于"人心惟危，道心惟微"，一般人的道心极易被人心蒙蔽。人性中的道心良知被自私、狭隘、嫉妒、贪欲、偏见等等弱点蒙蔽，就不能"诚意正心"，就可能会丧失对事实的正确判断，从而做出不理性的决定或行为。所以要养成中庸的思维方式和做事方法，就要不断地护养道心以"明明德"。道心盛人心弱，人性中的贪心、自私、嫉妒、偏见、狭隘等等弱点，就蒙蔽不了良知和智慧，就能正确地辨明是非，依道心本性而为，动态地把握现实中各种力量和关系的平衡点，其结果就会圆融中道和谐共生。

　　在中国传统文化特别是儒家文化中，"君子"是道德修养较高的人，是普通人修身践仁的标杆。个人道德修养和外在的表现涉及方方面面，所以传统文化特别是儒家文化关于君子的论说很多。简单辑录若干，以供细品慢读，体味君子之道。

　　　君子藏器于身，待时而动。——《易经》

　　　君子成人之美，不成人之恶。小人反是 。——《论语·颜渊第十二》

　　　君子欲讷于言而敏于行。——《论语·里仁第四》

　　　君子求诸己，小人求诸人。——《论语·卫灵公第十五》

　　　君子坦荡荡，小人长戚戚。——《论语·述而第七》

　　　君子务本，本立而道生。——《论语·学而第一》

　　　君子耻其言而过其行。——《论语·宪问第十四》

　　　君子固穷，小人穷斯滥矣。——《论语·卫灵公第十五》

　　　君子喻于义，小人喻于利。——《论语·里仁第四》

　　　君子上达，小人下达。——《论语·宪问第十四》

　　　君子泰而不骄，小人骄而不泰。——《论语·子路第十三》

　　　君子和而不同，小人同而不和。——《论语·子路第十三》

　　　君子不以言举人，不以人废言。——《论语·卫灵公第十五》

君子而不仁者有矣夫，未有小人而仁者也。——《论语·宪问第十四》

君子唯义是从，小人唯利是图。——《论语·里仁第四》

君子有三戒：少之时，血气未定，戒之在色；及其壮也，血气方刚，戒之在斗；及其老也，血气既衰，戒之在得。——《论语·季氏第十六》

君子有三畏：畏天命，畏大人，畏圣人之言。小人不知天命而不畏也，狎大人，侮圣人之言。——《论语·季氏第十六》

君子博学于文，约之以礼，亦可以弗畔矣夫。——《论语·颜渊第十二》

君子不可小知，而可大受也；小人不可大受，而可小知也。——《论语·卫灵公第十五》

君子周而不比，小人比而不周。——《论语·为政第二》

君子怀德，小人怀土；君子怀刑，小人怀惠。——《论语·里仁第四》

君子不重，则不威；学则不固。主忠信。无友不如己者。过，则勿惮改。——《论语·学而第一》

君子不器。——《论语·为政第二》

子曰："君子惠而不费，劳而不怨，欲而不贪，泰而不骄，威而不猛。"——《论语·尧曰第二十》

君子义以为质，礼以行之，孙以出之，信以成之。君子哉！——《论语·卫灵公第十五》

君子无所争，必也射乎！揖让而升，下而饮，其争也君子。——《论语·八佾第三》

君子有九思：视思明，听思聪，色思温，貌思恭，言思忠，事思敬，疑思问，忿思难，见得思义。——《论语·季氏第十六》

君子食无求饱，居无求安，敏于事而慎于言，就有道而正焉，可谓好学也已。——《论语·学而第一》

（君子）居上不骄，为下不倍。——《中庸》

（君子）温故而知新，敦厚以崇礼。——《中庸》

君子尊德性而道学问，致广大而尽精微，极高明而道中庸。——《中庸》

君子莫大乎与人为善。——《孟子》

君子所性，仁、义、礼、智根于心，其声也晬然。——《孟子·尽心上》

夫相收之与相弃亦远矣，且君子之交淡若水，小人之交甘若醴。君子淡以亲，小人甘以绝。彼无故以合者，则无故以离。——《庄子·山木》

天不为人之恶寒也辍冬，地不为人之恶辽远也辍广，君子不为小人之匈匈也辍行。——《荀子·天论》

君子务知大者远者，小人务知小者近者。——《左传》

君子中庸，小人反中庸，君子之中庸也，君子而时中；小人反中庸也，小人而无忌惮也。——《礼记》

君子三不：君子不失足于人，不失色于人，不失口于人，是故君子貌足畏也，色足惮也，言足信也。——《礼记》

君子三患：未之闻，患弗得闻也；既闻之，患弗得学也；既学之，患弗能行也。——《礼记》

君子乐得其道，小人乐得其欲。——《礼记》

君子隐而显，不矜而庄，不厉而威，不言而信。——《礼记》

君子慎以辟祸，笃以不掩，恭以远耻。——《礼记》

君子与其有诸责也，宁有己怨。——《礼记》

君子不以其所能者病人，不以人所不能者愧人。——《礼记》

君子得时如水，小人得时如火。——汉·刘向

君子之行，静以修身，俭以养德，非澹泊无以明志，非宁静无以致远。——三国·诸葛亮

君子量不极，胸吞百川流。——唐·孟郊

君子山岳定，小人丝毫争。——唐·孟郊

大贤秉高鉴，公烛无私光。——唐·孟郊

君子扬人之善，小人扬人之恶。——唐·吴兢

君子于细事未必可观，而才能足以任重；小人虽器量浅狭，而未

必无一长可取。——宋·朱熹

君子与君子以同道为朋，小人与小人以同利为朋。——宋·欧阳修

君子之所取者远，则必有所待；所就者大，则必有所忍。——宋·苏轼

君子之游世也以德，故不患乎无位；小人之游世也以势利，故患得患失，无所不为。——宋·胡宏

君子之为利，利人；小人之为利，利己。——明·方孝孺

君子浩然之气不胜其大，小人自满之气不胜其小。——明·薛瑄

君子不可不抱身心之忧，亦不可不耽风月之趣。——明·洪自诚

56. 虚极静笃

【原文】致虚极，守静笃①，万物并作②，吾以观复③。夫物芸芸④，各复归其根。归根曰静⑤，静曰复命⑥。复命曰常⑦，知常曰明⑧。不知常，妄作凶。知常容⑨，容乃公，公乃全⑩，全乃天⑪，天乃道，道乃久，没身不殆⑫。（《道德经·第十六章》）

【注释】①虚：指人的心境空明。静：指安静不动。极、笃：即极度、顶点。②作：生长、发展。③复：循环往复。④芸芸：茂盛、纷杂。⑤归根曰静：根，指根本，归根即复归于自己的根本，称之为静。静而生动，安久动生，动而归静即归根。⑥静曰复命：复命，复归本原。静而生动，动而归静，安久动生，新的生命重新孕育故称"复命"，即复归本原。⑦常：指万事万物动静相生运动变化的常理。⑧明：明道，懂得道。⑩容：宽容、包容。⑨全：周到、周遍。⑪天：指自然界。⑫没身不殆：没身，指终身。殆，指危机。

★《道德经》，又称《老子》，是反映道家代表人物老子思想的一部经典，是中国传统文化重要组成部分。《易经》被称为"众经之首"，而《道德经》则被称为"众经之王"。

《道德经》共五千余言，内容极为丰富。和先秦时期诸子百家大多

著述一样，《道德经》侧重阐发的是圣人治世思想，主要是为统治者提供治国方略，所以有人说《道德经》是领导学的经典。《道德经》"目标读者"主要有三类：一曰"士"，就是"基层管理者"或修养层次较高的知识分子；二曰"王"（侯），统治阶层；三曰"圣人"，就是德行和管理都很好的王侯，是"好"的领导者。《道德经》中很多内容，都是"说"给这三类人"听"的。

【导读】尽力使自己心境空明到极点，同时牢牢保持这种心境空明不变，那万物周而复始、循环往复的生灭变化之道，我都可以观察明了（并遵道而行）。那万事万物无论多么纷繁复杂、发展变化，终究要各自复本归根。复归本原就叫做清静，清静就是复归新生，复归新生是自然万物永恒不变的规律。懂得万事万物动静变化、相生相反的常理，就叫做明道。不懂得自然常理而轻举妄动，往往会出乱子和灾凶。懂得万事万物动静变化、相生相反常理的人是无所不能包容的，无所不能包容就可以公正无私，公正无私地处理问题就能避免偏见、思虑周全，公正无私、思虑周全地做事就符合自然恒常之道，即天道，符合天道就是与天合德，包通万物、无所不容，与天合德，包通万物、无所不容就可以公正无私地做下去，持久不败，终身不会遭到危险。

本段文字通过一系列逻辑论证，推理出一个有道之人，无论外界多么纷繁复杂，都要"致虚极，守静笃"。致虚守静才能在无我状态下观察明了万事万物的发展规律，才能接受、认同、敬畏这些自然规律，进而自觉地按照这些规律做事。这才是符合天道大道的智慧之举，可"没身不殆"。

静和虚都是《道德经》的重要内涵。虚，不是没有，而是心境清澈澄明，不虚不能包容万物，不能包容万物也就不可能成就万物。静，是保持本性，无妄无贪。观和复，按我们今天的理解，观就是观看、观察，复就是重复、往复。有起于虚，动起于静，万事万物总是处于不断动静变化，相生相反过程中。

传统儒道两家都很重视"静"。静则能守，静则能观，静则能制动。

清人曾国藩有云："若不静,省心也不密,见理也不明,都是浮的。"又说："治身不静则身危。"诸葛亮临终前写给他儿子一封家书《诫子书》,其中有一句话:"夫君子之行,静以修身,俭以养德,非澹泊无以明志,非宁静无以致远。"这是诸葛亮总结自己的人生经历给他儿子的一个忠告。诸葛亮所说的静,是指不贪婪、不闹腾;俭,是对自身欲望的压缩。澹泊,实际上就是老子所讲的虚,是对自己名、利、位、欲的不介意;明志,就是坚定地持守心意、志向,不受患得患失、低俗盘算的干扰;宁静,实际上就是老子所讲的静,即保持心性不变。

致远的前提是宁静,明志的前提是淡泊。物欲横流的人常会被欲望控制、困惑,迷失自我,躁而不静;躁动就会不安,就会乱。迷失自我躁动不安的人,当然无以"观复",当然无以"知常",不知常就会妄为而致凶。大丈夫立身处世,应简朴、恬淡、寡欲以修身,以明志。心境冷静安定,精神专一不杂,则可情性清雅,识见高远。

57. 菩提本无树,明镜亦非台

【原文】菩提本无树[①],明镜[②]亦非台[③]。

本来无一物,何处惹尘埃[④]!（惠能《菩提偈》）

【注释】①树:这里指菩提树,意译为"觉树"或"道树"。相传佛教始祖释迦牟尼在此树下证得菩提,觉悟成道,故称此树为菩提树。②明镜:据《资持记》下二之三:"坐禅之处,多悬明镜,以助心行。"通常用以比喻佛与众生感应的中介。③台:指安置明镜的地方,可以借代为客观存在。④尘埃:佛教术语,指人间的一切世俗事务。按出家人的观点,世务不净,故称尘务。

*菩提偈:诠释佛教教义的歌偈。菩提,梵文的音译,意译为"觉"或"智"。偈,和尚唱颂的歌诗称为偈。

惠能:禅宗第六祖,世称禅宗六祖。唐中宗追谥大鉴禅师。著有六祖《坛经》流传于世,是中国历史上有重大影响、推动佛学中国化的佛教高僧之一。

【导读】原本就没有菩提树，也没有明镜台。心里本来就空无一物，哪里会染上什么尘埃？

佛家认为，万事万物都是妄念牵动自性而起的幻相，妄念是不净的世务尘埃，自性是圆满的清净；人若悟得自性，再做主起念，就不是妄念了。若生活中的一切皆由自性起作用，则六根清净，无求无为，非常自在，根本没有妄念，又何谈沾染尘埃！

佛教自汉晚期传入中国后逐渐"中国化"，大乘佛教融合儒家、道家文化"中国化"后，完成了佛教的本土化，成了"中国化佛教"，与儒、道一起成为中国传统文化的三个主体之一。在佛教的中国化过程中，本偈的作者、禅宗六祖惠能发挥了巨大的推动作用。随着佛教的本土化和广泛传播，大量佛学语言成了大众日常用语，诸如因果、境界、真理、心心相印等等，大大丰富了汉语词汇。摘取部分成语略释如下：

不看僧面看佛面：据说韦陀菩萨本来是站在山门外的，因为他的职责是护法，出家僧人或在家学佛居士，有犯戒犯错的，他看不下去，就举起棍子直接把人打死了。佛陀慈悲，看了不忍，就叫韦陀菩萨对面而站，韦陀每天只能面向着佛看，这叫做"不看僧面，看佛面"，意思是放人一马，给人改过自新的机会。现在比喻看在第三者的面子上，帮助或者原谅某一个人。

大千世界：佛教讲现在世界的一千倍为小千世界，小千世界的一千倍为中千世界，中千世界的一千倍为大千世界。现指广阔无边、纷乱复杂的世界。

道高一尺，魔高一丈：道，指的是佛家修行的功夫。魔，是一切扰乱身心清净、破坏修行的事物。佛家常用这句话警戒修行者要时刻警惕外界带来的各种诱惑。道高一尺，魔高一丈，现比喻为正义而奋斗，必定会受到反动势力的巨大压力。也比喻取得一定成就以后，前进道路上可能有更大的障碍和困难。

聚沙成塔："乃至童子戏，聚沙为佛塔。如是诸人等，皆已成佛道。"

(《妙法莲华经》) 意思是只要与佛结缘，即使像小孩子玩沙子建造佛塔那样的游戏，最后都会成就佛果。现比喻积少成多，积水成河，做什么事情，都是从一点一滴开始的。

六根清净：佛教的六根指眼、耳、鼻、舌、身、意。六根只要不受外界环境的干扰，就能保持清净无染，远离烦恼。形容不受外界干扰，没有任何欲望。

擇善而從 力學篤行

58. 玉不琢，不成器

【原文】玉不琢①，不成器；人不学，不知道②。是故古之王者，建国君民,教学为先。《兑命》③曰"念终始典于学",其此之谓乎！（《礼记·学记》）

【注释】①琢：雕。②道：道理。③《兑命》:《尚书》中的一篇。兑,音 yuè。

【导读】玉石如果不加琢磨，就不会成为可用之器；人如果不通过学习，就不会明白做人处世的道理。因此古代的君主建设国家、统治百姓，总是把教育放在首要的位置。《尚书》的《兑命》篇说"要始终如一地注重学习，念念不忘地以教育为本"，说的就是这个道理。

成语"玉不琢，不成器"源于此，意思是玉石不经过雕琢，成不了器物。比喻人如果不经历磨难，就难以成为一个有用的人。

"玉不琢,不成器。人不学,不知义。"（《三字经》）"玉不琢,不成器；人不学,不知理。然玉之为物,有不变之常德,虽不琢以为器,而犹不害为玉也。人之性,因物则迁,不学,则舍君子而为小人,可不念哉？"（欧阳修《诲学》）

59. 学而时习之，不亦说乎

【原文】子曰："学而时习①之,不亦说乎？有朋自远方来,不亦乐乎②？人不知而不愠③,不亦君子④乎？"（《论语·学而第一》）

【注释】①子：中国古代对有学问、有地位的男子的尊称。《论语》中"子曰"的"子"都是指孔子。"习"字的本意是鸟儿练习飞翔,这里是温习和践习的意思。时：适当的时候。②不亦说乎：不是很愉快吗？不亦……乎：常用于表示委婉的反问。说（yuè）：同"悦"，愉快。乐

（ lè）：快乐。③愠（ yùn）：生气，恼怒。④君子：指有才德的人。

【导读】 孔子说："学了又适时温习和实践，不是很愉快吗？有志同道合的人从远方来（切磋交流），不是令人很高兴的吗？不被他人理解也不怨恨、恼怒，不也是一个有才德的君子吗？"

"学而时习之"的"学"指的是学习（也有说是"觉悟"）。孔子所说的学习的内容主要指礼、乐、射、御、书、数"六艺"，其中最重要的是礼。礼是社会制度和规范的总称，伦理道德规范是礼的最主要的内容之一。"习"，是适时地践习，学习（明白）了知识和道理，还要适时温习、练习并积极地实践，才能以文"化"人，以文"明"人。

"学而时习之"三句话，从三个方面讲明了如何"学习"：

"学而时习之"地学习。不仅要"勤学"，还要"时习"，既"学"且"习"，"知"、"行"统一，学以致用；要在日常生活中，在做事、交友、为政、经商、治家乃至穿衣吃饭、打扫卫生等具体的社会活动中，不时地温习、实践。"日知其所亡，月无忘其所能，可谓好学也已矣。"（《论语·子张第十九》）每天知道所未知的，每月习练已能的，可以说是好学了。

"以文会友，以友辅仁"地学习。"君子以文会友，以友辅仁。"（《论语·颜渊第十二》）"就有道而正焉。"（《论语·学而第一》）通过学问文章来汇聚和结交朋友，又通过朋友之间的交流切磋来促进道德学问的完善。

"人不知而不愠"地学习。"古来圣贤皆寂寞"（李白），面对大众对自己的不理解甚至误会乃至批评，要心胸广阔、刚毅坚强、矢志不渝，坚持学习而不懈怠。不仅"食无求饱，居无求安"，而且"人不知而不愠"、"敏于事而慎于言"地学。

60. 学然后知不足

【原文】 虽有嘉肴，弗食，不知其旨也；虽有至道，弗学，不知其善也。是故，学然后知不足，教然后知困。（《礼记·学记》）

【导读】即使有美味的菜肴，不吃，就不知道它的美味；即使有高深至极的道理，不学，就不知它的好处。所以，学习以后才能知道自己的缺点和不足，教人以后才能感知自己学问的孤陋和困惑。

"天地无全功，圣人无全能，万物无全用。"（《列子·天瑞第一》）很多人未必自知，必学而后知不足。求学者知不足，才会自我反思，更加努力地学习；教导者感到困惑，才会潜心钻研，孜孜以求，自强不息。所以说，教和学是互相促进，相辅相成的。

古人云：一事不知，儒者之耻。"敏而好学，不耻下问。"（《论语·公冶长第五》）"学然后知不足"，人需谦虚好学。犹如"玉不琢，不成器"，人欲成才，需不断地学习、实践，再学习、再实践，边学习、边实践，在不断地学与实践中"雕琢自己"。

61. 知之为知之，不知为不知

【原文】子曰："由：诲女知之乎①？知之为知之，不知为不知，是知也②。"（《论语·为政第二》）

【注释】①诲：教诲。女，通"汝"。由：子路的名。子路，姓仲，名由，字子路。②前四个"知"都是"知道"的意思，最后一个"知"同"智"，智慧，聪明。

【导读】孔子说："由！我教导你的话，你能明白吗？知道就是知道，不知道就是不知道，这才是真正有智慧。"

孔子直呼子路的名字和他讲"知之为知之，不知为不知，是知也"这句话，而且还问上一句："诲女知之乎？"这是在着重提醒子路，告诉他对待学问要有正确的态度。这是孔子因材施教的又一个例子。

子路好勇，讲义气，很果决，常常路见不平拔刀相助，但有一个毛病：冲动，好强，过于自信，不服输，有时候强不知以为知。所以孔子呼其名教导他，要戒除强不知以为知的毛病。

学习必须虚心务实，对问题不可任意猜测，主观武断、自以为是，即"毋意，毋必，毋固，毋我"（《论语·子罕第九》）。"知之为知之，不知为不知"是一种实事求是的态度，对待学习、生活、工作中的各种问题，都要实事求是，来不得半点虚假。

62. 三人行，必有我师焉

【原文】子曰："三人行，必有我师焉：择其善者而从之，其不善者而改之。"（《论语·述而第七》）

【导读】孔子说："三个人一起走路，其中一定有人可以做我的老师。我选择他们的优点供自己学习，把他们的缺点作为借鉴而改掉。"

"三人行，必有我师焉"与"就有道而正焉"（《论语·学而第一》）、"见贤思齐焉，见不贤而内自省也"（《论语·里仁第四》）、"事其大夫之贤者，友其士之仁者"（《论语·卫灵公第十五》）一样，都是在谈向贤者学习修德养性做学问，同时从不贤者那里吸取教训，引以为戒。"见贤"要主动"思齐"，见"不贤"要主动"自省"；见"善"要主动"择"而"从"之，见"不善"要主动对照反思，有则改之，无则加勉。"贤"与"不贤"，"善"与"不善"，都能"师"之而汲取营养、修学养德。这是一种高度自觉的、积极主动学习的心态和行动。

事实上，"文武之道，未坠于地，在人。贤者识其大者，不贤者识其小者，莫不有文武之道焉。夫子焉不学？而亦何常师之有？"（《论语·子张第十九》）文武之道在众人之间，没有什么地方没有文武之道，没有什么地方不可以学习文武之道，也没有什么人不可以学习。贤德大家名扬天下者有其长，贩夫走卒默默无闻者也有其智，正可谓"三人行，必有我师焉"。

关于学习，孔子多有论及："知之为知之，不知为不知，是知也。""学而不思则罔，思而不学则殆。""知之者不如好之者，好之者不如乐之者。""学而时习之，不亦说乎？""敏而好学，不耻下问。""默而识之，学而不厌，诲人不倦。""敏于事而慎于言，就有道而正焉。""博学而笃志，切问而近思。""博学之，审问之，慎思之，明辨之，笃行之。""温故而知新，可以为师矣。""多闻，择其善者而从之；多见而识（zhì，记住）之。"等等，仔细品味，必有大益。

63. 独学无友，孤陋寡闻

【原文】独学①而无友，则孤陋而寡闻②。（《礼记·学记》）

【注释】①独学：指独自学习，不了解外部动向。②陋：浅陋。寡：少。

【导读】一个人独自苦学，缺乏学友之间的交流切磋，就必然会导致知识狭隘，见识短浅。

"君子以文会友，以友辅仁"（《论语·颜渊第十二》）与"独学而无友，则孤陋而寡闻"（《礼记·学记》），一正一反，都在强调与朋友共同学习，集思广益、取长补短，才能弥补自身的缺陷，获得更多知识，促进道德学问的完善。"三人行，必有我师焉。"（《论语·述而第七》）"见贤思齐"、"择善而从"，与人交流可以学到知识，获得启发，甚至可以在对标中发现自己的不足，更好地完善自己。否则，就会孤偏鄙陋，见识短浅，甚至自以为是，狂妄自大。所以，子贡问仁，夫子答曰："居是邦也，事其大夫之贤者，友其士之仁者。"（《论语·卫灵公第十五》）

成语"孤陋寡闻"，形容学识浅陋，见闻不广。

64. 见贤思齐

【原文】子曰："见贤思齐焉，见不贤而内自省也①。"

子曰："古者言之不出，耻躬之不逮也。②"

子曰："以约失之者，鲜矣③。"（《论语·里仁第四》）

【注释】①思齐：考虑向（贤人）看齐。贤：指贤人。内自省：内忖自身是否存在毛病。②言之不出：话不轻易说出。耻：以……为耻。躬：自身，亲身。逮（dài）：及，赶上。③约：约束，节制。失：使……

犯错误。鲜（xiǎn）：少。

【导读】孔子说："见到贤人，立刻生起向他学习的心，想要跟他齐等；见到某人言行有瑕疵不足，就反省自己有没有，思考如何"有则改之，无则加勉"。

孔子说："古时候人们不轻易把话说出来，因为他们以自己行为跟不上言语为可耻。"

孔子说："因为节俭而犯过失的事，很少。""君子以见善则迁，有过则改。"（《易经》）见贤者不是嫉妒，而是"思齐"，是"迁"；见不贤者，不是指责，而是"内省"，是"改"。贤与不贤都是老师，这是君子善学。从贤与不贤的人那里，都能获得教益，道德和学识当然会不断提升，正所谓"日日新"。

"以约失之者，鲜矣"，意思是以礼约束自己而犯错误者是十分少见的。子曰："君子博学于文，约之以礼，亦可以弗畔矣夫。"（《论语·雍也第六》）"道德仁义，非礼不成。"（《礼记·曲礼》）道德仁义需要用礼去体现。礼是什么？就是礼节、规范。"畔"，同"叛"，偏离的意思。

"见贤思齐"等三句话，告诉我们如何精进修身。首先要见贤思齐，见不贤而自内省，主动、自觉地学习，就是使问学修德成为内在自觉的要求，不仅学习他人长处，而且反躬自省，积极发现并勇于改正自己的不足。其次要做到慎言力行、知行合一，"言顾行，行顾言"，"言必信，行必果"。第三要努力克己践仁、"约之以礼"，严格约束和克制自己的言行，使之合乎一定的道德规范，以求积久而成习惯，而成自然。

65. 三省吾身

【原文】曾子^①曰："吾日三省吾身^②：为人谋而不忠乎？与朋友交而不信乎^③？传不习乎^④？"（《论语·学而第一》）

【注释】①曾子：孔子晚年的学生，名参（shēn），字子舆，鲁国人。曾参是孔子的得意门生，以孝著称，据说《孝经》就是他撰写的。

②三：在三个方面，即下文的"忠"、"信"、"习"。一说多次。省（xǐng）：自我检查，内省，反省。③友：具有共同志向的人。信：诚实的意思。④传（chuán）：老师传授的知识、道理。

【导读】曾子说："我每天都要作多次自我检查反思：为人出谋献计做到忠心不二了吗？与朋友交往合作做到诚信了吗？老师所传授的东西温习、践行了吗？"

曾子，最有成就、最受尊崇的儒家人物之一。"吾日三省吾身"修身方法的创立者。后来孟子提出了"反求诸己"的修身之法，"反求诸己"、"三省吾身"、"自省自克"就成了贤德大儒行之有效的内修方法和道德教育之道。自省，就是经常反省自己的思想和言行，辨察自我意识和言行中的善恶是非，严于自我批评，及时改正过错；自克，就是严格要求自己，约束和克制自己的言行，使之合乎一定的道德规范，譬如"非礼勿视，非礼勿听，非礼勿言，非礼勿动"（《论语·颜渊第十二》）等等。自省自克是一种内与外、己与他相互映照、相互配合的修身之道。

"三省"强调多次，但省什么？曾子提出要省："为人谋而不忠乎？与朋友交而不信乎？传不习乎？"即一省有没有尽力做事，二省有没有尽心做人，三省有没有努力提高。有学者据此提出修身养性之道：一省道德修养方面有没有贯彻儒家"孝、悌、忠、信、礼、义、廉、耻"的"八字理念"，二省事业建树方面有没有坚持诚意正心格物致知，三省积德行善方面有没有做到"日行一善"。

儒家提倡"仁者爱人"，这个爱是差等的、逐渐扩展的爱，即"亲亲而爱人"。其实，首先是"自爱"，接着是"亲亲"，然后是"爱人"。"自爱"体现在"孝、悌、忠、信、礼、义、廉、耻"之"廉"和"耻"上，寡欲曰廉，反之曰贪，"欲不可纵，志不可满"，"克己复礼"；"耻"就是知耻，就是爱惜自己的名声，不做可耻的事，"知耻而后勇"。守"廉"知"耻"就是对自己负责，就是自爱，自爱的人才可能爱人。

孝弟也者，为人之本。爱人始于"亲亲"，就是孝顺父母、友爱兄弟姊妹，做好"孝"和"悌"的事儿；继续向外扩展，就是"老吾老以及人之老，幼吾幼以及人之幼"；再继续扩展，就是"泛爱众"，爱及有生命和无生命的自然万物。由自爱而亲亲，而爱人，而泛爱众，就是"仁者爱人"。

"仁者爱人"也有"度"，这个"度"就是"义"。"义者，宜也"，与人交往做事要恰如其分，处理问题妥当而被大众接受，也就是要符合社会行为规范、符合道义，即"遵义而行"，"遵礼而行"，要"信"，要"诚"，要"忠"。

事业建树方面有没有坚持诚意正心格物致知是"日省"的又一方面。儒家提倡"格物致知"，修德也好，增长知识提升能力也好，要"放事上琢磨"（王阳明），诚意正心地格物致知是"内圣"之道，是"大人之学"和建功立业的重要途径，所以要"日省"、"日新"。

"日行一善"的"一"不必拘泥于数字，这里的"善"包含"善念"和"善行"两层意义，就是说要日省自己这一天中的起心动念是否善，这一天的言行举止待人做事是否善。而"善念"和"善行"的含义也是宽泛的，符合"孝悌忠信礼义廉耻"的心念都是善念，符合社会礼仪规范和人伦道德的言行都是善行。大到捐巨款助众人是善，小到日常生活中节俭爱物、不乱扔垃圾等等都是善；对人纯真温厚、礼貌和善是善，不存害人之心、没有恶人之意也是善。所以说"日行一善"既必要又可行。

66. 笃志博学

【原文】子夏①曰："博学而笃志②，切问而近思③，仁④在其中矣。"（《论语·子张第十九》）

【注释】①子夏：即卜商，字子夏，春秋时末期晋国人，孔子的弟子。②笃（dǔ）志：坚定志向。笃，坚定。③切问而近思：恳切地发问求教，联系实际多思考。切，恳切。④仁：仁德。

【导读】子夏说："广泛地学习，而且能够始终坚守自己的志向，（对人）恳切地提问,向别人求教,并且联系实际多考虑,(如果能做到这些）仁德就在其中了。"

博学、笃志、切问、近思是子夏提出的修养仁德的方法。博学,即广泛地学习。笃志,即坚定志向,所谓"士不可以不弘毅,任重而道远",重任在肩,必须矢志不渝,做到"弘"、"毅"、"恒"。切问,即恳切地发问。近思,就是把学习和思考结合起来,联系实际边学边思。笃志博学是很多人的座右铭。

67. 温故而知新

【原文】子曰:"温故而知新①,可以为师矣。"(《论语·为政第二》)

【注释】①温故而知新:温习学过的知识,得到新的理解和体会。

【导读】孔子说:"在温习旧知识时,能有新体会、新发现,就可以当老师了。"

这一句可以与"学而不思则罔,思而不学则殆"一起学习理解。两句都是讲学习的方法。温故知新是说可以通过温习旧知识,从中获得新的领悟与提升。但若只是"复读"而没有思考,仅仅读死书、死读书,人云亦云而已,那也极有可能是"学而不思则罔",并没有"知新"的收获。所以新学也好,温故也罢,要想学有所获,就要学而且思。

68. 举一反三

【原文】不愤不启①,不悱不发②。举一隅不以三隅反③,则不复④也。(《论语·述而第七》)

【注释】①愤:心求通而未得。②悱(fěi):想表达却说不出来。发:启发。③隅:角落。反:反过来证明。④复:重复教,再告诉。

【导读】这段话,杨伯峻译为:教导学生,不到他想求明白而不得的时候，不去开导他；不到他想说出来却说不出的时候，不去启发他。教给他东方，他却不能由此推知西、南、北三方，便不再教他了。

"孔子与人言，必待其人心愤愤，口悱悱，乃后启发为之说也。如此则识思之深也。说则举一隅以语之，其人不思其类，则不复重教之也。"（《论语注》）"心愤愤，口悱悱"是说学习者有强烈的学习和思考与表达的欲望，这个时候启发他才有作用。学习者不主动思考，不主动学，教育者"填鸭式"、"满堂灌"的结果，必然是教者很累、学者无趣，而效果却寥寥。

孔子主张根据学习者个性特征选择教育方法，即所谓"因材施教"，"不愤不启"几句话甚至有些"因态施教"的意味，就是根据学习者学习状态来决定如何教育。学习者"心愤愤，口悱悱"了，就"举一隅以语之"，看他能否"以三隅反"，若"其人不思其类"，则不再启发他了。事实上，暂时性的"不复也"也是一种教育方法。

教师教育学生也好，家长教育孩子也罢，教育者重视并调动学习者的主观能动性，把学习者学习的状态调整到最好，使之能够主动思考、主动学习、主动表达，才能"举一反三"，获得实效。

69. 尽信《书》，不如无《书》

【原文】孟子曰："尽信《书》①，则不如无《书》。吾于《武成》②，取二三策③而已矣。仁人无敌于天下。以至仁伐至不仁，而何其血之流杵也？"（《孟子·尽心下》）

【注释】①《书》：是指《尚书》，后来扩展为广义的书。②《武成》：古《尚书》篇名，记有（武王和纣的军队）"会于牧野……血流漂杵"。③策：古人用漆在竹片或木片上书写文字，一块竹片或木片为简，编联若干简而成策。

【导读】孟子说："完全相信《尚书》，那还不如没有《尚书》。我对于《武成》这一篇，就只相信其中的二三策罢了。仁人在天下没有敌手，以周武王这样极为仁道的人去讨伐商纣这样极不仁道的人，怎么会血流漂杵呢？"

"尽信书则不如无书"是从学习者的角度强调读书不能盲目地迷信，而要辩证地去分析、比较、辨别、实践，做到学与思结合，理论与实践结合，以期"取其精华，去其糟粕"。学是思的前提，思是学的深化。学是感性活动，要上升到理性高度，必须经过思考、辨析，学思并重才能产生良好的学习效果。"君子有九思：视思明，听思聪，色思温，貌思恭，言思忠，事思敬，疑思问，忿思难，见得思义。"（《论语·季氏第十六》）

"学而不思则罔"，学来的知识还要到实践中去检验、校准，这个过程离不开思考。陆游《冬夜读书示子聿》诗云："古人学问无遗力，少壮工夫老始成。纸上得来终觉浅，绝知此事要躬行。"从书本上得到的知识终归是浅薄的，要真正理解书中的深刻道理，必须亲身去实践、思考、分析、比较，如此方能学有所成。

70. 教学相长

【原文】 是故学然后知不足，教然后知困①。知不足，然后能自反②也。知困，然后能自强③也。故④曰：教学相长⑤也。《兑命》曰"学学半⑥"，其此之谓乎！（《礼记·学记》）

【注释】 ①困：不通，理解不清。②自反：反省自己。③强（qiǎng）：勉力、尽力。④故：连词，所以。⑤教学相长：意思是教和学互相促进，教别人，也能增长自己的学问。⑥学学半：第一个"学"，同"敩（xiào）"，教导；第二个"学"，学习。

【导读】 所以，通过学习才能知道自己的不足，通过教人才能知道自己有不明白的地方。知道自己的不足，然后才能自我反省，进一步提升；知道自己有不明白的地方，然后才能自我勉力坚持钻研。所以说，教与学是互相促进的。《兑命》篇说"（在教学过程 中）教与学是一个事情的两个方面"，就是说的这个道理啊！

个体是在自己学习、相互学习中不断成长的，"以文会友，以友辅仁"的过程，既是相互学习、相互促进的过程，也是相互启发、相互教育的过程，事实上"学"与"教"是分不开的，正所谓"教学相长"。教育者也罢，学习者也罢，无不如此。只有通过学习、实践，再学习、再实践，不断地循环往复，才能不断地发现问题，完善自己，提升自己。

71. 君子之教喻也

【原文】君子既①知教之所由兴，又知教之所由废，然后可以为师也。故君子之教喻也，道而弗牵，强而弗抑，开而弗达。②道而弗牵则和，强而弗抑则易③，开而弗达则思。和易以思，可谓善喻④矣。（《礼记·学记》）

【注释】①既：已经。②喻：启发诱导。道：同"导"，引导。牵：强拉。强（qiǎng）：勉励。抑：压制。开：启发。达：通达。③易：容易。④喻：晓喻。

【导读】君子不但懂得教学成功的经验，又懂得教学失败的原因，就可以当好教师了。所以说教师对人施教，就是启发诱导而不牵拉强制；激励学生学习而不压制学生的创新想法；指导学习的门径，而不把答案直接告诉学生。（教师对学生）诱导而不牵拉，则师生融洽；劝勉而不压制，学生才能感到学习有趣而容易；启发而不包办，学生才会自己钻研思考。能做到师生融洽，使学生感到学习容易，并能独立思考，可以说是做到了善于启发诱导了。

教师如何教、学生如何学，这是一个恒久的问题，也是一个难倒多少教师、困惑很多学生的难题。其实，"君子之教喻也"确实道出了教育的基本原则与方法。

教育是一门艺术，作为教师或家长，在教育学生或孩子时，认认真真、扎扎实实地在"导"、"强"、"开"三个字上下功夫、做文章，达到"和易以思"的效果，一定可以收获一个或一批乐学、会学、学有所成的学生或孩子。

睿智远界察事明理

72. 尺有所短，寸有所长

【原文】詹尹乃释策而谢①曰："夫尺有所短，寸有所长；物有所不足，智有所不明；数②有所不逮③，神有所不通。用君之心，行君之意。龟策诚不能知此事。"（《楚辞·卜居》）

【注释】①谢：辞谢，拒绝。②数：卦数。③逮：及。

【导读】詹尹便放下蓍草辞谢道："所谓尺有它不足的地方，寸有它的长处；万物有它不足的地方，智者有他不能明白的问题；卦有它算不到的事，神有它显不了灵的地方。您（还是）按照您自己的心，决定您自己的行为（吧）。龟壳蓍草实在无法知道这些事啊！"

"天地无全功，圣人无全能，万物无全用。"（《列子·天瑞第一》）事物都是一分为二的，有长处，必然也有短处；有短处，也必然有其长处。两首宋人的哲理诗说出了同样的道理。

雪梅
卢梅坡
梅雪争春未肯降，骚人阁笔费评章。

梅须逊雪三分白，雪却输梅一段香。

寄兴
戴复古
长愿人人意，一生无别离。

妾当年少日，花似半开时。

黄金无足色，白璧有微瑕。

求人不求备，妾愿老君家。

73. 它山之石，可以攻玉

【原文】它①山之石，可②以③攻④玉。（《诗经·小雅·鹤鸣》）

【注释】①它：别的。②可：能够，可以。③以：用来。④攻：琢磨、制作。

【导读】其它山上的石块，可以用来磨制玉石。

成语"它山之石，可以攻玉"原比喻别国的贤才可为本国效力，后比喻能帮助自己改正缺点的人或意见。

任何事物都有其长处与短处，所以要扬长避短，为我所用，要坚持开放的心态学习、借鉴、吸收外物；要学会借力、借势。

74. 愚者千虑，必有一得

【原文】信问广武君曰："仆欲北攻燕①，东伐齐，何若而有功②？"广武君辞谢曰："臣闻'败军之将不可以言勇，亡国之大夫不可以图存'③。今臣败亡之虏，何足以权大事乎④！"信曰："仆闻之，百里奚居虞而虞亡，在秦而秦霸⑤，非愚于虞而智于秦也，用与不用，听与不听也。诚令成安君听足下计，若信者亦已为禽矣。⑥以不用足下，故信得侍耳。"因固⑦问曰："仆委心归计⑧，愿足下勿辞！"广武君曰："臣闻'智者千虑，必有一失；愚者千虑，必有一得'⑨。故曰'狂夫之言，圣人择焉'。顾恐臣计未必足用，愿效愚忠。"（《史记·淮阴侯列传》）

【注释】①仆：古时男子谦称自己。②何若：即若何，如何。③图存：谋划国家生存大计。④权：权衡。引申为计议。⑤百里奚原为虞国大夫，虞被晋所灭，百里奚被晋所俘，作为陪嫁臣随秦穆公夫人入秦。逃走后被楚国人在宛地捉住，秦穆公闻其贤，用五张黑公羊皮赎回，"授之国政"，秦穆公遂霸。⑥成安君，曾领赵兵于井陉口拒韩信，广武君曾献策给赵王和他，未纳而败于韩信。禽：通"擒"。⑦固：坚定，坚持。⑧委心归计：倾心听从你的计策。⑨智者：智慧聪明的人。虑：考虑，思虑、谋划。失：失误、差错。愚者：愚蠢无知的人。得：得益、收获。

【导读】韩信问广武君说："我要向北攻打燕国，向东讨伐齐国，怎么办才能成功呢？"广武君推辞说："我听说'打了败仗的将领，没资格谈论勇敢，亡了国的大夫没有资格谋划国家的生存'。我现在是兵败国亡的俘虏，有什么资格计议大事呢？"韩信说："我听说，百里奚在虞国而虞国灭亡了，在秦国而秦国却能称霸，这并不是因为他在虞国愚蠢，到了秦国聪明了，而在于国君有没有任用他，是否采纳他的意见。成安君如果采纳了您的计谋，我韩信也早被生擒了。因为他没采纳您的计谋，所以我才能够侍奉您啊。"又坚决地说："我倾心听从你的计谋，希望您不要推辞。"广武君说："我听说，'智者千虑，必有一失；愚者千虑，必有一得'。所以俗话说'狂人的话，圣人也可以选择'。只恐怕我的计谋不足以采用，但我愿献愚诚，忠心效力。"

成语"智者千虑，必有一失；愚者千虑，必有一得"，意思是聪明人多次谋划，也会有失误的时候；笨人反复多次思考，总会有所收获。指不要迷信个人意见，要博采众议，集思广益，即使一般人的意见，也应认真考虑，分析比较。

75. 兼听则明，偏信则暗

【原文】上问魏征曰："人主何为而明，何为而暗？"对曰："兼听则明，偏信则暗。"（《资治通鉴·唐纪·太宗贞观二年》）

【导读】唐太宗问宰相魏征："作为一国之君，怎样才能明辨是非，怎样才能不受蒙蔽呢？"魏征回答说："广泛地听取意见就能明辨是非，只听一面之辞就会糊里糊涂。"

广泛地听取多方面的意见就能了解真实情况，仅仅听信一方面的话，自己就会糊涂，常会作出错误判断。

"多见者博，多闻者智；拒谏者塞，专己者孤。"（桓宽《盐铁论·刺议》）取长补短，"它山之石，可以攻玉"，决断前虚心听取各方面意见是应该的，但"真理若再向前进一小步，就会变成错误"（列宁），凡事都要有一个合适的"度"，如果"兼听"过度，反而会越听越迷惑，难以决断；如果一味"偏信"，则容易被蒙蔽，成为糊涂虫。所以要有自信，要把兼听和自主思考有机结合起来，既不可妄自菲薄，自轻自贱，又不能狂妄武断，一意孤行；既要当断则断，当机立断，抓住机会，乘势而为；又要集思广益，博采众长，取长补短，扬长避短。当然，这需要平时加强学习，提升能力，如此才能在关键时候有所作为。

古罗马政治家、哲学家、雄辩家塞涅卡说过："相信一切人和怀疑一切人，其错误是一样的。"如何把听信他人与自我决断结合起来，这需要智慧，也需要魄力和能力。

"故赠人以言，重于金石珠玉；劝人以言，美于黼（fǔ）黻（fú）文章；听人以言，乐于钟鼓琴瑟。故君子之于言无厌。"（《荀子·非相》）所以赠人以善言，比金石珠玉更有价值；用善言劝勉人，比华丽的衣服色彩更美好；听从善言，比听钟鼓琴瑟之音还快乐。所以君子对于善言，津津乐道而从不厌倦。

76. 人无远虑，必有近忧

【原文】人无远虑，必有近忧。（《论语·卫灵公第十五》）

【导读】如果一个人没有长远的打算、谋划，必然很快就会有忧患。

某种意义上说，"人无远虑，必有近忧"与"生于忧患，死于安乐"异曲同工，都是强调一个人一定要目光远大，思虑长远，否则，就会有败之忧、亡之危。

"忧劳可以兴国，逸豫可以亡身。"（欧阳修《伶官传序》）人要有大局观、长远观，要能分清事的轻重缓急，长远考虑提前谋划；要有志向，有规划，并且"弘"、"毅"、"恒"，矢志不渝实施计划、挺进目标；要有"生于忧患，死于安乐"的清醒认知，身处逆境时则思变，身处顺境时则思危。

77. 凡事豫则立，不豫则废

【原文】凡事豫①则立，不豫则废。言前定则不跲②，事前定则不困③，行前定则不疚④，道前定则不穷⑤。（《中庸》）

【注释】①豫：旧同"预"，预先做好准备。②言：说话。跲（jiá）：绊倒，站不住脚。③事：做事情。困：困难，困惑，（遭遇）挫折。④行：行事，做事。疚：忧苦，内心痛苦。⑤道：为人之道。穷：困窘。

【导读】处理任何事情，预先做好各种准备就能获得成功，不做准备就会失败。说话先有准备，就不会理屈词穷站不住脚；做事先有准备，就不会陷入困境手忙脚乱；行事前先有计划，就不会发生错误后悔的事。确定好自己的为人之道，就不会陷入山穷水尽的窘境。

"豫"和"礼"一样，是儒学倡导的修行中庸之道的方法之一。"豫"，就是预先做好准备，"豫"有利于得中致和，"豫"则有备无患更容易成功。"豫"虽重要，但毕竟可能"计划赶不上变化"，所以一方面要"豫"，尽可能充分地"豫"——譬如做好几套方案；一方面还要灵活机动，根据实时情况与时俱进地调整"豫"，"君子之中庸也，君子而时中"（《中庸》）。具体做事者，也要从大局出发，为全局而谋，因时而变、灵机而动，切实做到因时因势而为、顺势成事。

78. 靡不有初，鲜克有终

【原文】靡①不有初②，鲜③克④有终。（《诗经·大雅·荡》）

【注释】①靡（mǐ）：无，没有（和"不"构成双重否定）。②初：开始。③鲜：少。④克：能，够。

【导读】刚做的时候都能有一个好的开始，但很少有人能一直好到最后。

"民之从事，常于几成而败之。慎终如始，则无败事。"（《道德经·六十四章》）开始做事时信心大、热情高，既认真又仔细，一段时间以后，有意无意间就会习以为常，激情减退，麻痹大意，终至"大意失荆州"，这样的事情屡见不鲜，个别人甚至是"屡败不改"。"靡不有初，鲜克有终"可谓是人性使然，欲修大德，欲成大事，不仅要立定志向，还要持之以恒；不仅要持之以恒，还要保持热情，慎终如始，如此才能垒石成山，久久为功。

79. 皮之不存，毛将焉傅

【原文】 秦饥，使乞籴于晋，晋人弗与。庆郑曰："背施无亲，幸灾不仁，贪爱不祥，怒邻不义。四德皆失，何以守国？"虢射曰："皮之不存，毛将安傅[①]？"庆郑曰："弃信背邻，患孰恤之？无信患作，失授必毙，是则然矣。"虢射曰："无损于怨而厚于寇，不如勿与。"庆郑曰："背施幸灾，民所弃也。近犹仇之，况怨敌乎？"弗听。退曰："君其悔是哉！"（《左传·僖公十四年》）

【注释】 ①傅：附着；加上。

*《左传》是我国第一部叙事详细的编年体通史，儒家"十三经"之一。既是古代汉族史学名著，也是文学名著，其记叙范围自鲁隐公元年（前722）起，止于鲁哀公二十七年（前468）。

相传《左传》是春秋末年鲁国史官左丘明根据鲁国国史《春秋》编成，原名《左氏春秋》，汉称《春秋左氏传》，简称《左传》。

【导读】 秦国年成不好，派人到晋国求购粮食，晋国人不给。晋大夫庆郑说："背弃别人的恩惠便会失去亲近之人，对别国大难幸灾乐祸就是不仁，贪图自己爱惜的东西就是不祥，使邻国愤怒就是不义。这四种德行都丢失了，靠什么来保护国家呢？"虢射说："我们既已背弃了割让土地的诺言，给不给粮食还有什么用呢？就像是一件皮袍，皮已不存在，毛又将附着在哪里呢？"庆郑说："丢弃信用、背叛邻国，遇到祸患谁来帮助？不讲信用者发生祸患，就会失去援救，必定灭亡。这件事就是这个道理。"虢射说："既然秦国已有怨恨，那么即使给了他们粮食,这怨恨也不会有所减少,反而使敌人进一步增加了实力,还不如不给。"庆郑说:"背弃恩德,幸灾乐祸,将被百姓唾弃。身边的人尚且会因此而仇恨我们,更何况是冤家仇敌呢?"晋惠公还是不听。庆郑退下堂来说:"国君将来必定会后悔。"

毛与皮的关系,是表与里、辅与主的关系,是附着与被附着、附庸与根本、次要矛盾与主要矛盾的关系。根本是考虑问题的出发点和归宿点,是一切努力的中心点,必须首先保障、重点保障、全力保障,千万不可本末倒置。为此,要善于在纷繁的问题中,区分"毛"与"皮",抓住根本因素,扭住主要矛盾,然后予以集中力量突破解决。

虽然说"毛"附着于"皮",但"毛"去,则"皮"伤,即所谓"唇亡齿寒"。所以"毛"与"皮",某种程度上又是一种相互依存的关系。如果我们本身就是"皮"或者"毛"之一,则要注意彼此照应,相互支持,同舟共济,患难与共,如此才能同生共长,合作共赢,切不可做"唇亡齿寒"、"毛去皮伤"的事。

80. 辅车相依,唇亡齿寒

【原文】宫之奇谏曰:"虢,虞之表也。虢亡,虞必从之。晋不可启,寇不可玩,一之谓甚,其可再乎?谚所谓'辅①车②相依,唇亡齿寒'者,其虞虢之谓也。"(《左传·僖公五年》)

【注释】①辅:颊骨。②车:牙床骨。

【导读】宫之奇劝谏说:"虢国是虞国的外围,假如虢国灭亡,虞国也必然跟着灭亡。晋国的野心不能启发,外国的军队不可疏忽。一次借路已经有些过分,难道还能借第二次吗?俗话讲的'辅和车相互依存,嘴唇没有了,牙床就会寒冷',说的就是虢国和虞国的关系。"

"辅车相依,唇亡齿寒",又作"唇亡齿寒",意思是说嘴唇没有了,牙齿就会寒冷。比喻双方息息相关,荣辱与共。和"唇亡齿寒"意思相近的另一个成语叫做"唇齿相依",这两个成语都可以用来比喻关系密切，相互依存，但"唇齿相依"强调相互依存；而"唇亡齿寒"则与"皮之不存，毛将焉附"意思接近，更强调生或存的利害关系。

春秋时期，晋国的近邻有虢、虞两个小国。晋国想吞并这两个小国，计划先打虢国。但是晋军要开往虢国，必先经过虞国。如果虞国出兵阻拦，甚至和虢国联合抗晋，晋国虽强，也将难于得逞。晋献公听从大夫荀息的建议，派他用名马和美玉作为礼物送给虞公，请他让晋军借道通过。

虞国大夫宫之奇知道荀息的来意，劝虞公千万不要答应晋军借道的要求，说道："虢虞两国，一表一里，辅车相依，唇亡齿寒，如果虢国灭亡，我们虞国也就要保不住了！"

读史可以使人明鉴，使人清醒。弱小者无法与强暴抗衡，就应该审时度势，彼此照应、鼓励、支持，风雨之中同舟共济、患难与共，正所谓唇齿相依，唇亡齿寒。

81. 反者，道之动

【原文】反者，道之动①；弱者，道之用②。天下万物生于有，有生于无③。（《道德经·第四十章》）

【注释】①道：指自然万物的阴阳规律。"一阴一阳之谓道。"（《易经·系辞》）"道生一，一生二，二生三，三生万物。万物负阴而抱阳，冲气以为和。"（《道德经·第四十二章》）事物都有阴阳两个方面，两种力量相互推移，不可偏废，构成事物的本性及其运动法则。万物的正面（抱）是阳，背面（负）是阴，"冲气"即中气，"中气以为和"即阴阳二气通过中气的"和合"而统一起来，阴气、中气、阳气三气和合化生万物。②弱者：相对于"强者"，柔弱为阴，刚强为阳。用：相对于"体"，体为阴，用为阳。③有：相对于"无"。有形的物质为阴，无形的能量（气）为阳。阳为天，为无形之气，能化生力量，主动，主生成；阴为地，是气化而生之的有形之物，阴能构成形体，主静，主成长。形气（阴阳）相感而化生万物，正如老子所以说："无，天地之始，有，万物之母。"

【导读】 从反向去作用于事物，是道的作用方向；弱化事物的正向发展，是道应发挥的作用。天下万物产生于有，有产生于无。

"反者，道之动；弱者，道之用"是天道的核心规律，虽然万事万物永远都在变化，但左右万事万物变化的这个核心规律是"常"而不变的。现实中存在的事物或现象，其发展方向只有强或弱（或曰正反、阴阳）两个方向，其中的反向力量就是其内存的道的力量，它既是事物或现象相对稳定存在的基础，也是事物或现象发展变化的动因。如果任其向极端发展，事物或现象一定会转化成它的对立面，即所谓物极必反。而事物或现象能够存在于现实中，说明其内在的、促进其向正反两个方向发展的力量，已经处在某种层级的平衡稳定中。

"反者，道之动"给我们的启示是，要看到事物或现象都有正反两个发展方向，要从正反两个角度考虑问题、解决问题。"双向思考"甚至"逆向思考"是一种良好的思维习惯，会让我们的视野大为扩展，解决问题的方法大为丰富。

"道"是《道德经》里一个非常重要的概念，儒家、道家都重视"道"，相对而言，儒家之"道"更切己，讨论的多是修养德能生活之道。全球华人国学终身成就奖获得者、原西北大学校长、历史系教授张岂之先生曾提出，"道"是中国文化最核心的概念。我们现在日常语言中，还常以"道"来表明处于什么状态、从事什么或某些奥妙、规律等等。譬如"茶道"、"人道"、"文武之道"，譬如坚定不移地走"社会主义道路"，譬如要求某个人讲点"道理"、形容某个人"厚道"、"地道"或"霸道"等等。

"道生一，一生二，二生三，三生万物。"（《道德经·第四十二章》）这里的"一"指天地未分的原始的混沌一体，"二"指天和地，"三"指阳气、阴气和中气。"道"产生混沌的一体，一体而生天地，天地分化出阳气、阴气和中气三气，阳、阴、中三气进一步化生出花草树木、飞禽走兽等万物。"道"先于万事万物而存在，是一切的根源、"万物之母"，它无形无相，超越了名相的概念，所以"天下万物生于有，有生于无"。

《道德经》所指的"道"，主要包括"天道"和"人道"。"天道"，指天地自然蕴含的规律，包括"负阴而抱阳，冲气以为和"、"对立统一、反者道之动"等等；"人道"，是说要"人法地，地法天，天法道，道法自然"，即效法自然，天人合一等等。

82. 日中则移

【原文】"语曰'日中①则移②，月满则亏③'。物盛则衰，天地之常数也。进退盈缩④，与时变化，圣人之常道⑤也。故'国有道则仕⑥，国无道则隐'。圣人曰'飞龙在天，利见大人'⑦。'不义而富且贵⑧，于我如浮云'。今君之怨已仇而德已报⑨，意欲至矣，而无变计，窃为君不取也！"（《史记·范雎蔡泽列传》）

【注释】①日中：太阳运行到中天，即正午。②移：指日向西移动。③亏：缺。④盈缩：伸屈。⑤常道：常理。⑥国有道则仕：出自《论语·卫灵公第十五》："邦有道则仕，邦无道则可卷而怀之。"有道，指政治清明。仕，做官。⑦飞龙在天，利见大人：《易经·乾》："九五：飞龙在天，利见大人。"喻指明君在位，有作为的人理应辅佐以施展抱负。⑧不义而富且贵：出自《论语·述而第七》，意思是用不正当的手段得来的富贵，在我看来如同浮云一样。⑨仇：应答。这里是报复的意思。

【导读】（蔡泽对应侯说：）"俗话说'太阳升到正中就要逐渐偏斜，月亮达到圆满就要开始亏缺'。事物发展到鼎盛就要衰败，这是天地间万事万物的常规。进退伸缩，附合时势的变化，这是圣人恪守的常理。所以'国家政治清明就出来做官，国家政治黑暗就隐退不干'。圣人说'明君在位，有作为的人就应当辅佐以施展抱负'。'用不正当的手段得到的富贵，在我看来就如同浮云一样'。现在您的怨仇已经得报，恩德已经报答，心愿满足了，可是却没有应变的谋划，我私下认为您不该采取这种态度。"

"日中则昃，月盈则食。"（《易经·丰》）太阳到了正午就要偏西，月亮圆满就要亏缺。

"无欲速，无见小利。欲速则不达，见小利则大事不成。"（《论语·子路第十三》）不要求快，不要贪求小利。求快反而达不到目的，贪求小利就做不成大事。

"直木无阴，直士无徒。"（任奕《任子·道论》）长得太直的树木，就不会投下树荫；为人过于直率，就不会有朋友。

"花看半开，酒饮微醉，此中大有佳趣。若至烂漫酕醄，便成恶境矣。履盈满者，宜思之。"（洪应明《菜根谭》）赏花以含苞待放时为最美，喝酒以喝到略带醉意为适宜，花半开、酒半醉含有高妙的境界。反之，花已盛开，酒已烂醉，那不但大煞风景，而且也活受罪。事业已经到了巅峰阶段的人，最好能深思一下这两句话的真意。

成语"日中则移"，也作"日中则昃"，比喻事物发展到一定程度，就会向相反的方向转化，正如老子所说"反者，道之动"。类似的词语还有"月满则亏，水满则溢"、"登高必跌重"、"乐极生悲"、"物极必反"、"否极泰来"、"过犹不及"等等，这些词语都蕴含着朴素的辩证唯物主义思想。事实上，我们在工作生活中常常需要解决强与弱、实与虚、张与弛、快与慢、进与退、急与缓等等问题，需要在利益的大与小、远与近、人与己等等方面做出选择。儒学主张"中庸"，做人做事留有余地，满致溢，刚易折，太满太刚都不利于存在和发展；总是以自我为中心的人终将"无我"，"圣人后其身而身先，外其身而身存"（《道德经·第七章》）。正所谓"进退盈缩，与时变化，圣人之常道也"（《史记·范雎蔡泽列传》）。

83. 满招损，谦受益

【原文】惟①德动天，无远弗届②。满招损，谦受益。时乃天道。(《尚书·大禹谟》)

【注释】①惟：只有。②弗：不。届：到。

【导读】只有道德的力量可以感天动地，再偏远的地方都能到达。骄傲自满就会招致损失，谦虚谨慎就会受到补益。这是大自然的规律。

"夫尺有所短，寸有所长，物有所不足，智有所不明，数有所不逮，神有所不通。"(屈原《卜居》)人都各有长处，也各有短处，彼此都有可取之处，没有一个人全是优点，也没有人全是缺点。

"谦谦君子，卑以自牧也。"(《易经·谦》)谦谦，即谦之又谦，谦之至也；自牧，即自治自养。道德高尚的人，总是与人谦恭有礼，以谦谦之德，终身自养，故吉祥无不利。

"君子不自大其事，不自尚其功，以求处情；过行弗率，以求处厚；彰人之善而美人之功，以求下贤。是故君子虽自卑，而民尊之。"(《礼记·表记》)君子不夸耀自己做的事，不宣扬自己的功劳，目的是求实在；有了超常的德行，也不要求别人跟自己一样去做，目的是保持自己忠厚谦虚的品行；表彰别人的美德，赞赏别人的功劳，目的是尊敬贤能的人。所以君子虽然贬低自己，却更能得到民众的尊敬。

常言道："成熟的谷子低着头。""天不言自高，地不言自厚。""九牛一毫莫自夸，骄傲自满必翻车。历览古今多少事，成由谦逊败由奢。"(陈毅《手莫伸》)高调做事，低调做人，是一种品格和修养，一种姿态和风度，更是一种难得的胸襟、智慧和谋略。

84. 满而不损则溢，盈而不持则倾

【原文】满而不损①则溢，盈而不持②则倾。凡作乐者，所以节乐③。君子以谦退为礼，以损减为乐，乐其如此也。(《史记·乐书》)

【注释】①损：损减。②盈而不持则倾：持，握住，引申为制约、节制。"夫国家之事，有持盈，有定倾，有节事。持，守也。盈，满也。器满易覆，欲保守之，务宜谨慎，国家之守成亦然，故云。"（《国语·越语》）③节乐：节制人们对快乐的无限追求。

【导读】太满而不减损就会外溢，太盛而不扶持就会倾倒。大凡创作音乐的原因，是为了节制欢乐。君子以谦虚退让为礼节，以削减节制自我欲望为快乐（lè），乐（yuè）的作用就在于此啊。

国人是最讲究"度"的，所谓"中庸"，就是恰到好处，即"无过无不及"。凡事要有一个限度，否则可能小则不顺，大则导致"溢"或"倾"的后果。事实上，工作生活中常常会遇到刚与柔、快与慢、张与弛、急与缓、实与虚、大与小等等问题，满致溢，刚易折，太自我者终将无我。"圣人后其身而身先，外其身而身存。"（《道德经·第七章》）"进退盈缩，与时变化，圣人之常道也。"（《史记·范睢蔡泽列传》）"汝惟不矜，天下莫与汝争能；汝惟不伐，天下莫与汝争功。"（《尚书·大禹谟》）如果你不自夸，天下就没有人与你争高下；如果你不自大，天下就没有人与你争功劳。《道德经》中的"反者，道之动"、"持而盈之，不如其已"、"飘风不终朝，骤雨不终日"、"其惟不争，故无尤"、"知足不辱，知耻不殆。"等等，说的也是这个意思。

85. 傲不可长，志不可满

【原文】敖①不可长，欲不可从②，志不可满，乐不可极③。贤者狎而敬之，畏而爱之④。爱而知其恶，憎而知其善。积而能散，安安而能迁⑤。临财毋苟得⑥，临难毋苟免。很⑦毋求胜，分毋求多。疑事毋质⑧，直⑨而勿有。"（《礼记·曲礼上》）

【注释】①敖：同"傲"，傲慢。②从：同"纵"，放纵。③极：达到极点。④狎：此为亲近的意思。畏：心服口畏。⑤安安：满足于平安的境遇。前一个"安"指安心适应，后一个"安"指逸乐平安。迁：

改变。⑥临：遇上，面对。苟：苟且。⑦很：争论，争执。⑧质：判定，证明。⑨直：明白。

【导读】 傲慢念头不可滋长，欲望不能放纵；求善的志向不可自满，享乐的行为要适可而止。对贤能的人要亲近而且尊敬，敬畏而又爱慕他。对于自己喜爱的人，要能分辨和指出其短处；对于厌恶的人，也要善于发现和学习他的长处。能积聚财富也要能分赠和捐献财富，以迁福于大众。面临财物不要随便获取，面临危难不要随便逃避。辩论是非不要斗气必求胜人，分配东西不要妄求多占。怀疑的事情不要妄下断语，纠正澄清问题要谦虚谨慎，不要炫示自己见解独到。

儒家对人生的基本态度是积极的、现实的、进取的，同时又是谨慎的、保守的、中庸的。做事要"不偏不倚"，"无过无不及"，做人要庄重矜持，但又不能过分；可以正当地追求欲望、谋求利益，但过分就会走向放纵——任何时候、任何事情，都不能极端。儒家对人生的基本态度至今仍具有广泛的影响力。

86. 将欲取之，必先予之

【原文】 将欲歙之，必固张之①；将欲弱之，必固强之②；将欲废之，必固兴之③；将欲取之，必固与之④。是谓微明⑤。柔弱胜刚强⑥。鱼不可脱于渊⑦，国之利器不可以示人⑧。（《道德经·第三十六章》）

【注释】 ①歙(xī)：敛，合，收敛。张：扩张。②弱：削弱。强：使……增强。③废：废弃。兴：兴起。④取：夺取。与：同"予"，给予。⑤微明：即与含而不露的"袭明"相类似的"光而不耀"（《道德经·第五十八章》）的明，义指不引人注意或令人难以察知的明道境地。微，幽微。明，征兆。⑥柔弱胜刚强：柔，灵敏机动的因应弹性。弱，善下之的低姿态。刚，缺乏弹性。强，骄矜强横。⑦。渊：深厚而明澈的水体，喻指柔弱灵动的行为母体。鱼：喻指深藏于行为母体之中的"利器"。⑧国之利器：影响国家盛衰兴亡的权势禁令等凶利的东西。示：显示。

【导读】想要收敛它，必先扩张它，想要削弱它，必先加强它，想要废去它，必先抬举它，想要夺取它，必先给予它。这就叫做不引人注意的明道境地，是柔弱战胜刚强的机理所在。鱼不可以离开深厚的水体而生存，国家有效力的凭恃不可以轻易展示于人。

道生万物，而万物都是由正、反两个方面对立统一构成的，其发展也只有两个方向：正向或反向，向强或者趋弱。《道德经·第四十章》有云："反者，道之动；弱者，道之用。"任何事物，如果任其向极端发展，一定会转化成它的对立面，所以从反向去作用于事物是促进事物变化的积极思路；想得到正向的结果，最高效的办法就是从反向去作为。"将欲弱之，必固强之。"反之同理，欲图强先示弱。"勇于敢则杀，勇于不敢则活。"（《道德经·第七十三章》）"坚强者死之徒也，柔弱者生之徒也。是以兵强则灭，木强则折。强大处下，柔弱处上。"（《道德经·第七十六章》）

87. 行远必自迩

【原文】君子之道,辟如行远必自迩①,辟如登高必自卑②。(《中庸》)

【注释】①迩：近。②卑：低。

【导读】君子修行中庸之道，就好像走路，一定要从眼前近的地方开始；又好像攀登高山，必从低的地方开始。

"庸德之行，庸言之谨"，去恶扬善、修道中庸须从近处、小处开始，平常的德行努力实践，平常的言谈务必谨慎。"君子以成德为行，日可见之行也。"（《易经·易传》）

"夫功之成，非成于成之日，盖必有所由起；祸之作，不作于作之日，亦必有所由兆。"（苏洵《管仲论》）事业的成功，不是始成于宣告成功的那一天，一定有它的起因；灾祸的发生，不是始发于实际发生的那一天，也一定有它的前兆。

"为者常成，行者常至。"（《晏子春秋·内篇杂下》）"君子以顺德，积小以高大。"(《易经·象传下》)"合抱之木，生于毫末；九层之台，起于累土；千里之行，始于足下。"(《道德经·第六十四章》)"不积跬步，无以至千里；不积小流，无以成江海。""泰山不辞细壤故能成其大，江海不辞细流而能成其广。"(《荀子》)这些都形象地说明了积少成多、积小成大，垒石成山、量变引起质变的道理。

凡事都有正反面，我们要看到"滴水聚成河，粒米聚成箩；聚沙成塔，集腋成裘"，要胸怀大志，持之以恒，坚持不懈，促进事态向好的方面发展；也要看到"大意失荆州"、"千里之堤溃于蚁穴"、"不矜细行，终累大德。为山九仞，功亏一篑"(《尚书·旅獒》)，要防微杜渐，防患于未然。"夫祸患常积于忽微，而智勇多困于所溺。"(欧阳修《伶官传序》)唐代诗人元稹《蚁》诗云："时术功虽细，年深祸亦成。功穿漏江海，蚕食困蛟鲸。敢惮榱梁蠹，深藏柱石倾。寄言持重者，微物莫全轻。""千里之堤溃于蚁穴"的道理，告诫人们切莫轻视细小的变化。

88. 千里之行，始于足下

【原文】其安易持，其未兆易谋。其脆易泮①，其微易散。为之于未有，治之于未乱。合抱之木，生于毫末②；九层之台，起于累土③；千里之行，始于足下。(《道德经·第六十四章》)

【注释】①泮：pàn，融解，瓦解。②毫末：细小。毫，指细微。末，指树梢。③累土：堆土。

【导读】局面安定时容易维持稳定，事物未露先兆时，容易谋划措施。脆的东西易分开，小的东西易消散。处理问题应在事故未萌发之前，治理动乱要在事态未严重之先。合抱的大树，是从细如针毫时长起来的；九层的高台，是一筐土一筐土垒筑起来的；千里的行程，是一步又一步走出来的。

"不积跬步，无以至千里；不积细流，无以成江海。"(《荀子》)"道虽迩，不行不至；事虽小，不为不成。"（《荀子·修身》）道路虽近，不走就不可能到达；事情虽小，不做就不会成功。"建大功于天下者，必先修于闺门之内；垂大名于万世者，必先行之于纤维之事。"（陆贾《新语·慎微》）在天下成就伟大功业的人，一定是从在家里加强修养开始；在千年万代流传伟大名声的人，一定是从细小的事情认真做起。

"天下大事，必作于细"（《道德经·第六十三章》），图难于易，求大于细，"为之于未有，治之于未乱"。志向远大但从近处开始，从细处着手，假以"弘"、"毅"、"恒"的态度，"人一己百"的努力，当可德成功崇。反之，大的危害、动荡都是从很小的矛盾引发累积的，一定要防患于未然。

89. 泰山不让土壤，故能成其大

【原文】是以泰山不让①土壤，故能成其大；河海不择②细流，故能就其深；王者不却众庶③，故能明其德。（《史记·李斯列传》）

【注释】①让：推辞，拒绝。②择：选择，引申为舍弃。③众庶：普通民众。

【导读】泰山不拒绝每块泥土，所以能成就它那样的高大；河海不舍弃细小的水流，所以能成就它那样的深广；帝王不拒绝任何臣民，所以能显示他们的恩德。

这是李斯上书劝说秦王的一段话。当时韩国派人献计秦国，意图不利于秦，秦国有大臣因此请求秦王下逐客令，驱逐外地人才。作为秦王政（后来的秦始皇）的客卿，李斯也在被逐之列，于是，李斯上书秦王劝谏他要广罗人才而不能只用本国的。秦王接受了李斯的建议，废除逐客令，重用李斯，秦国也留下了一批外国的人才。李斯得以辅佐秦王吞并六国，统一了天下。

成语"泰山不让土壤，故能成其大"，原喻要广纳人才，才能成就大业。现多比喻人要度量大，能包容不同的事物。

90. 前事之不忘，后事之师

【原文】张孟谈对曰："君主所言，成功之美也。臣之所谓，持国之道也。臣观成事，闻往古，天下之美同，臣主之权均之能美，未之有也。前事之不忘，后事之师①。君若弗图，则臣力不足。"怆然有决色。（《战国策·赵策一》）

【注释】①师：借鉴，榜样，教训。

【导读】张孟谈回答说："您所说的，是成功之美；我所说的，是治国之理。臣下观察成功的事业以及古往今来成功的事实，我认为天下一切美好都是相同的。可是，大臣与国君的权力相等，却还能美好，这是从来没有过的。记取过去的教训，可以作为今后做事的借鉴。您若不考虑这方面的问题，我是没这个力量的。"说完一阵心酸，有决别之意。

"前事不忘，后事之师"典故背景是，张孟谈作为赵襄子的谋臣，帮助赵襄子联合魏家、韩家一起战胜智伯，在晋国形成了赵、魏、韩三家鼎立的局面后，提出了辞官隐退，赵襄子挽留，张孟谈说"在历史上从来没有君臣权势相同而永远和好相处的。前事不忘，后事之师"，"怆然有决色"。张孟谈是聪明的，在位高权重之时，他察古观今，遵循"前事不忘，后事之师"之理，为国家和个人考虑，毅然放弃权力和地位。

"持而盈之，不如其已；揣而锐之，不可长保。金玉满堂，莫之能守；富贵而骄，自遗其咎。功遂身退，天之道也。"（《道德经·第九章》）当然，对于"功遂身退"之说，要辩证地分析、理解。

成语"前事不忘，后事之师"，比喻要汲取从前的经验教训，作为以后工作的借鉴。

91. 生于忧患，死于安乐

【原文】人恒过①，然后②能改；困于心③，衡于虑④，而后作⑤；

征于色⑥，发于声⑦，而后喻。入则⑧无法家拂士⑨，出则无敌国外患⑩者，国恒亡。然后知生于忧患而死于安乐⑪也。（《孟子·告子下》）

【注释】①恒：常常。下文"国恒亡"的"恒"同义。过：过错，过失。②然后：这样以后。③困于心：心中有困苦。④衡于虑：思虑堵塞。衡，通"横"，梗塞，指不顺。⑤作：奋起，指有所作为。⑥征于色：面色上有征验，意为面容憔悴。征，征验，征兆。色，颜面，面色。赵岐《孟子注》："若屈原憔悴，渔父见而怪之。"《史记·屈原贾谊列传》："屈原至于江滨，被发行吟泽畔，颜色憔悴，形容枯槁。渔父见而问之曰：'子非三闾大夫与？何故而至此？'屈原曰：'举世混浊我独清，众人皆醉我独醒，是以见放。'"⑦发于声：言语上有抒发，意为言语愤激。赵岐《孟子注》："若宁戚商歌，桓公异之。"宁戚，春秋时卫国人。家贫，为人挽车。至齐，喂牛于车下，齐桓公夜出迎客，宁戚见之，疾击其牛角而商歌。歌曰："南山矸，白石烂，生不逢尧与舜禅。短布单衣适至骭，从昏饭牛薄夜半，长夜漫漫何时旦。"齐桓公召与语，悦之，以为大夫。⑧入：在国内，名词活用作状语。下文的"出"用法同此，在国外。⑨法家：有法度的世臣。拂（bì）士：辅佐君主的贤士。拂，通"弼"，辅佐。⑩敌国：实力相当、足以抗衡的国家。外患：来自国外的祸患。⑪生于忧患：忧患使人生存发展。死于安乐：享受安乐使人萎靡死亡。

【导读】一个人只有经历多次错误和失败的教训，然后才能改过自新，走上正路；只有经过艰难反复的思想斗争和错综复杂的深思熟虑，然后才能奋发有为；坎坷的经历、痛苦的磨炼表现为形容憔悴的颜色，发出慷慨悲歌的声音，然后才能被人了解。一个国家，在内如果没有坚守法度的大臣和足以辅佐君王的贤士，在外没有与之匹敌的邻国和来自外国的祸患，就常常会有覆灭的危险。这样之后才知道，常处忧虑祸患之中，能使人（或国家）生存发展，而常处安逸享乐之中会使人（或国家）走向死亡（灭亡）的道理了。

孟子认为，逆境能激发人内在潜力，最终让人发展；顺境则常会使人贪图享受、精神怠惰和意志消沉。所以人处逆境不必悲观，更不能消沉，而应"穷则思变"，奋发图强全力一搏；人处顺境应警惕怠惰，乘势上进，更有作为；要心存远虑，杜绝近忧。

"是故君子安而不忘危，存而不忘亡，治而不忘乱，是以身安而国家可保也"（《易经·系辞下》），"居安思危，思则有备，有备无患"（《左传·襄公十一年》），"反者，道之动"（《道德经·第四十章》），则从事物发展变化的角度印证了"生于忧患，死于安乐"的道理。

92. 一张一弛，文武之道

【原文】张①而不弛②，文武弗能也。弛而不张，文武弗为也。一张一弛，文武③之道也。（《礼记·杂记下》）

【注释】①张：拉紧弓弦。②弛：放松弓弦。③文武：指周文王和周武王。

【导读】只拉紧弓弦而不放松弓弦，即使是周文王和周武王那样的圣贤也做不到；只放松弓弦而不拉紧弓弦，周文王和周武王当然是不会做的。有时拉紧弓弦有时放松，这才是周文王和周武王治理民众的办法。

有张有弛，张弛适度，是一种做人做事的态度，也是一种做人做事的方法和智慧。张弛适度，也就是劳逸结合，某种程度上是对人性规律的尊重。宽严相济，松紧结合，是一种明智的领导艺术。

中庸之道，不偏不倚，无过无不及，是儒家大力倡导为人处世的生活智慧。个人生活也好，区域发展也罢，提出要求做好单位工作也好，制定法规管理政务也罢，无不如此。

93. 天时不如地利，地利不如人和

【原文】天时不如地利，地利不如人和①。三里之城，七里之郭，环而攻之而不胜②。夫环而攻之，必有得天时者也，然而不胜者，是天时不如地利也③。（《孟子·公孙丑下》）

【注释】①天时：泛指有利的时机、气候等等。地利：泛指有利的地理环境。人和：指得人心，上下团结一致。②城：指内城。郭：外城，在内城外加筑的一道城墙。③环：围。天时：这里指有利于攻城的自然气候条件等。

【导读】得天时不如得地利，得地利又不如得人和。譬如有座内城三里，外城七里的城邑，敌人包围攻打却无法取胜。敌方既来攻打，一定拣日拣时得天时之利了，可是却无法取胜，正说明了天时不如地利好。

这段文字和其上下文一起，阐述"天时不如地利，地利不如人和"的论点。从决定战争胜负的因素这一角度出发，通过对"天时"、"地利"、"人和"三个条件的比较，阐述了"人和"对战争胜利的决定性作用。

"人和"思维很有启发意义。一个人日常生活长处矛盾重重的环境中，肯定心不顺、情难堪；一个团队人心散漫甚至勾心斗角，肯定互相掣肘，难以成事。正所谓"团结就是力量"、"人心齐，泰山移"。所以君子和而不同，理解、包容，团结、合作。"中庸之道"既是"成人之道"，也是"成事之道。"

94. 二人同心，其利断金

【原文】二人同心，其利①断②金；同心之言，其臭③如兰。(《易经·系辞上》)

【注释】①利：锋利。②断：砍断，折断。③臭：读 xiù，是气味之总名，古时香气秽气皆名之臭，所以这里的"其臭如兰"指话语像兰草一样芬芳。

【导读】两人心意相同，行动一致的力量犹如利刃，可以切断金属；心意相通的言语，其气味像兰草一样芬芳、高雅，娓娓动听。

成语"义结金兰"由此而来，意思是结交很投缘的朋友。成语"二人同心，其利断金"，也作"二人同心"，形容团结紧且密，力量大无敌。

团结就是力量，同心协力的力量有多大？"其利"可"断金"。孔颖达疏："金是坚固之物，能断而截之，盛言利之甚也。"

有人提出，"二人同心，其利断金；同心之言，其臭如兰"是一个"复合句"。"同心之言，其臭如兰"言朋友之间切切偲偲、交厚情深的妙处，而"二人同心，其利断金"是说家庭中夫妻同心极为重要，兄弟怡怡力量大。所以复句的第一部分先说"内"：夫妻、兄弟要和睦同心——夫妻"怡怡"、兄弟"怡怡"；再说"外"：义结金兰，"切切偲偲"。"内"怡怡、切切偲偲，"外"也怡怡、切切偲偲，内外和谐同心，不仅"其利断金"，而且"其臭如兰"，这是何等美妙啊！

95. 众心成城，众口铄金

【原文】王不听，卒铸大钟。二十四年，钟成，伶人告和。王谓伶州鸠曰："钟果和矣。"对曰："未可知也。"王曰："何故？"对曰："上作器，民备乐之，则为和。令财亡民疲，莫不怨恨，臣不知其和也。且民所曹好，鲜其不济也。其所曹恶，鲜其不废也。故谚曰，众心成城，众口铄金。今三年之中，而害金再兴焉，惧一之废也。"王曰："尔老耄矣，何知？"

二十五年，王崩，钟不和。（《国语·周语下》）

【注释】①铄金：融化金属，指伤人的谗言。

＊《国语》是中国最早的一部国别体史书，记录范围为上起周穆王西征犬戎（约公元前947年），下至智伯被灭（公元前403年），主要内容为春秋时期各国贵族间朝聘、宴飨、讽谏、辩说、应对之辞以及部分历史事件与传说。其编纂方法是以国分类，以语为主，故名"国语"，相传作者是春秋时期左丘明。

【导读】（周景王下令搜集铜铁，铸造编钟。单穆公、伶州鸠等先后进谏）周景王一概不听，最终铸造编钟。公元前521年，编钟铸成。周景王得意地对伶州鸠说："编钟的声音一定十分和谐吧。"伶州鸠回答道："恐怕未必吧。"周景王问："什么原因？"他回答说："在上的统治者制作乐器，老百姓也都高兴，才叫作和谐。现在财富匮乏，百姓疲惫，没有不怨恨的，哪里还会有什么和谐呢？再说老百姓所喜欢的，没有实现不了的，其所讨厌的，没有不垮台的。谚谣说：万众一心，就像坚固的城堡，大家舆论，可以使金子熔化。三年内，您两次从民间征集金属，这样下去，恐怕是要垮台的。"周景王不高兴地说："你是个老糊涂，知道什么？"

公元前 520 年，周景王死去，他所铸造的编钟声调也不和谐。

"千人同心，则得千人力；万人异心，则无一人之用。"（《淮南子·兵略训》）如果同心协力，一千个人就会发挥一千个人的力量；如果人心各异，一万个人就连一个人的力量都发挥不出来。

"众心成城，众口铄金"强调了人心一致的意义与价值。"二人同心，其利断金"，更何况"众心"一致、"众口"同声？"天时不如地利，地利不如人和"，众人思想统一，言行一致，必可产生巨大的力量：这种力量，可成事，也可坏事，正所谓"水能载舟，亦能覆舟"、"众口铄金，积毁销骨"，应该培育、壮大并引领"众志"去做正能量的事。

在网络信息发达的今天，尤其要高度重视信息发布和传播的重要。作为普通民众，要有思考、有判断，不可人云亦云，信谣传谣误事误国；作为当政者，还要理性面对网络信息，无论是发布还是引导网络信息，都要以真诚为前提，以公利为出发点，以客观事实为依据，以实事求是为原则，迅速、准确、稳妥地处置网络信息。

一般说来，"众心成城"是褒义，"众口铄金"是贬义。

96. 物以类聚，人以群分

【原文】天尊地卑，乾坤定矣。卑高以陈，贵贱位矣。动静有常，刚柔断矣。方以类聚，物以群分，吉凶生矣。（《易经·系辞上》）

【注释】类：同一类。

【导读】天尊贵高大在上，地卑微在下，乾坤的含义就确定了。卑下与高大因为同时排列并存，所以尊贵与低贱的位置就确定了。天动地静具有永恒的规律，可以用刚柔来划分。同类的东西聚在一起，人以其品行、爱好而形成团体，这样祸福、好坏就产生了。

成语"物以类聚，人以群分"从"方以类聚，物以群分"衍化而来，意思是同类的东西聚在一起，人按照其品行、爱好而形成团体。

物以类聚，人以群分；近朱者赤，近墨者黑；目濡耳染，不学以能；潜移暗化，自然似之。

97. 蓬生麻中，不扶而直

【原文】蓬生麻中，不扶而直；白沙在涅，与之俱黑……故君子居必择乡，游必就士，所以防邪僻而近中正也。（《荀子·劝学》）

【导读】飞蓬生长在大麻之中，不用扶持自然就能长直；白沙混杂在黑泥中，自然也会和它一起变黑……因此，君子定居时一定要选择乡邻，出游时一定要亲近德行良好之士，以接近正确恰当的思想而防止沾染邪恶的东西。

荀子认为人们原本拥有一样的先天才智和本性，但由于后天生活受环境影响不同，所关注的重点不同，处理事情所选择的措施不同，久而久之就会产生不同的习惯，形成不同的风俗，进而养成不同的礼仪德行。所以他倡导"谨注错，慎习俗"（《荀子·儒效》），即尽可能接触好的社会环境和习惯风俗，择良师、就贤士，仿照良师的行为，学习君子的言论，以便养成自己优良的道德礼仪，成就高尚的人格。注错，指举止行为；习俗，即习以为俗。"注错习俗，所以化性也。""习俗移志，安久移质。"（《荀子·儒效》）

"在山泉水清，出山泉水浊。"（杜甫《佳人》）

孟母三迁的故事几乎家喻户晓。《南史·吕僧珍传》也记载了一个"千金买邻"的典故：南朝齐梁之际的吕僧珍，扶助梁武帝萧衍建立梁朝，是开国功臣。吕僧珍在任南兖州刺史时，对士大夫恭敬有加，对下属和蔼可亲，不徇私情。他的堂侄本以贩葱为业，找到吕僧珍希望谋一官做。吕僧珍对他说："我为国尽忠，不能以权谋私。你自有职业，岂可妄求为官？还是去贩葱吧！"名士宋季雅以一千一百万钱买下吕僧珍隔壁的一处宅院，吕僧珍觉得实在是太贵了。宋季雅说："我是用一百万钱买这所房子，而用一千万钱买你这个邻居啊！"

98. 与人善言，暖于布帛

【原文】 骄泄①者，人之殃也；恭俭者，偋五兵②也。虽有戈矛之刺，不如恭俭之利也。故与人善言，暖于布帛③；伤人之言，深于矛戟。故薄薄④之地，不得履之，非地不安也；危足⑤无所履者，凡在言也。巨涂⑥则让，小涂则殆，虽欲不谨，若云不使⑦。（《荀子·荣辱》）

【注释】 ①骄：自高自大。泄：通"媟"（xiè），轻慢，不庄重。②偋五兵：免除杀身之祸。偋，旧同"屏"，屏除。五兵，五种兵器，古代所指不一，或指刀、剑、矛、戟、箭，或指矛、戟、钺、盾、弓，这里泛指兵器。③布帛：麻布和丝织品，此指衣服。④薄薄：同"溥博"、"磅礴"，广大无边的样子。⑤危足：踮起脚跟。危，高，使……高。⑥涂：通"途"。让：通"攘"，拥挤。⑦此句承上句，"不使"下省去"不谨"两字。云：有。

【导读】 骄傲轻慢，是人的祸殃；恭敬谦逊，可以屏除各种兵器的残杀。可见即使有戈矛的尖刺，也不如恭敬谦逊厉害。所以和别人说善意的话，比给他穿件衣服还温暖；用恶语伤人，比矛戟刺得还深。所以磅礴宽广的大地，不能踩在它上面，并不是因为地面不安稳；踮着脚没有地方可以踩下去的原因，都在于说话伤了人啊。大路很拥挤，小路又危险，即使想不谨慎，又好像有什么迫使其非谨慎不可。

"好言一句三冬暖，恶语伤人六月寒。""圣人择可言而后言，择可行而后行。"（《管子·形势解》）所谓"圣人"，就是爱人之心盛、仁德修养好的人。这样的圣贤，一定是"温温恭人"，一定是以仁爱他人为原则，而且是以尊重他人、温和恭敬的方式爱护他人，总是用好听的语言和善意之心与别人说话，听话的人会被他的诚意感动，被他的暖言感召，或受到勉励，或知错就改，或转悲为喜，等等。

"与人善言，暖于布帛"也是"和谐文化"的一种表现。

99. 忠言逆耳利于行，良药苦口利于病

【原文】沛公入秦宫，宫室帷帐狗马重宝妇女以千数，意欲留居之。樊哙谏沛公出舍，沛公不听。良曰："夫秦为无道，故沛公得至此。夫为天下除残贼，宜缟素为资①。今始入秦，即安其乐，此所谓'助桀为虐'。且'忠言逆耳利于行，毒药苦口利于病②'，愿沛公听樊哙言！"沛公乃还军霸上。（《史记·留侯世家》）

【注释】①缟素："缟"和"素"都是白绢，这里比喻清白俭朴。资：凭借。②毒药：药物的一种，常指药性猛烈的药。

【导读】沛公进入秦宫，那里的宫室、帐幕、狗马、贵重的宝物、美女数以千计，沛公想留下住在宫里。樊哙劝谏沛公出去居住，沛公不听。张良说："正因为秦朝暴虐无道，沛公才能够来到这里。替天下铲除凶残的暴政，应该以清廉朴素为本。现在刚刚攻入秦都，就要安享其乐，这正是人们说的'助桀为虐'。况且'忠言逆耳利于行，毒药苦口利于病'，希望沛公能够听进樊哙的意见。"沛公这才回车驻军在霸上。

"忠言逆耳利于行，毒药苦口利于病"现多作"忠言逆耳利于行，良药苦口利于病"，意思是，教人从善的语言多数是不太动听的，但有利于人们改正缺点；而药性猛烈的药多数是苦味的，但却有利于治病。现多用以说明应该正确对待别人的意见和批评。

人非圣贤，孰能无过？过而能改，善莫大焉。但问题是，很多人很多时候意识不到自己有"过"，所以"诤友"和"谔谔"之士非常难得。

而且,因为"从善如登",因为"忠言逆耳",所以听言者更需要具有"毒药苦口利于病"的认知,需要具备"有则改之,无则加勉"的雅量和胆识,还需要有"任重而道远"、"士不可以不弘毅"的思想准备。

100. 千羊之皮,不如一狐之腋

【原文】商君曰:"始秦戎翟之教,父子无别,同室而居。今我更制其教,而为其男女之别,大筑冀阙,营如鲁卫矣。子观我治秦也,孰与五羖大夫贤?"赵良曰:"千羊之皮,不如一狐之掖①;千人之诺诺②,不如一士之谔谔③。武王谔谔以昌,殷纣墨墨以亡。君若不非武王乎,则仆请终日正言而无诛,可乎?"商君曰:"语有之矣,貌言华也,至言实也,苦言药也,甘言,疾也。夫子果肯终日正言,鞅之药也。鞅将事子,子又何辞焉!"(《史记·商君列传》)

【注释】①掖:同"腋"。狐腋下之皮,非常珍贵。②诺诺:顺从的样子。③谔谔:直言争辩的样子。

【导读】商君说:"当初秦国通行戎翟的习俗,父子之间没有区别,男女同室共居。如今我改造他们的旧俗陈规,而制定男女的区别,大建悬示政教法令的门阙,造得如同鲁国、卫国的一样。您看我治理秦国,跟五羖大夫相比谁高明?"赵良说:"一千只羊的皮,不如一只狐狸的腋下的皮;一千人随声附和,不如一个人直言不讳。周武王倡导直言争辩而昌盛,殷纣王喜好无人进言而灭亡。您倘若不以周武王为非,那么我便请求始终直言而不受责难,可以吗?"商君说:"常言有这样的话:'美言巧语好比花朵,直言不讳好比果实,苦口逆耳好比药石,甜言蜜语好比疾病。'您当真肯始终直言,便是我治病的良药。我将以您为师,您又何必推辞呢!"

"千羊之皮,不如一狐之掖;千人之诺诺,不如一士之谔谔。""忠言逆耳利于行,良药苦口利于病。"理虽明,但行时难,说者需胆识、忠义,听者需雅量、魄力。说者也罢,听者也好,关键是要有一颗仁德爱人之心，有一个立世成事之志。说者要从仁爱之心出发，当说则说，当说敢说，当然也要注意说的时机、方式等等，以求收到良好的效果；听者更需从仁爱之心出发，本着信任他人、保护他人的原则，以"有则改之，无则加勉"的态度，认真对待说者所说。

101. 防民之口，甚于防川

【原文】厉王虐，国人谤王。召公告曰："民不堪命矣！"王怒，得卫巫，使监谤者，以告，则杀之。国人莫敢言，道路以目，王喜……召公曰："是障之也，防民之口，甚于防川。川壅而溃，伤人必多，民亦如之。是故为川者决之使导，为民者宣之使言……"（《国语·周语下》）

【注释】①防：阻止。②川：河流。

【导读】周厉王暴虐无道，国人都指责他。召公报告说："民众忍受不了了。"厉王很生气，找来卫地的巫师，派他监视指责天子的人，卫巫报告厉王后便杀掉他们。从此国人没有谁敢说话，路上遇见只用眼色来示意。厉王很高兴……召公说："你这是堵住了他们的嘴巴。堵住民众的嘴巴，比堵塞河流还要可怕。河流若被堵住而决口，伤害的人一定很多，堵住民众的嘴巴也是如此。因此治理河道的人要排除堵塞，让水流畅通，治理民众的人要引导百姓说话……"

成语"防民之口，甚于防川"意思是阻止人民批评的危害，比堵塞河川引起的水患还要严重。指不让人民说话，必有大害。所以为政者要广开言路，倾听民声，了解民意，发现问题，及时疏解。

历史的教训是深刻的，周厉王害怕议论而压制言论，使下情无法上达，错误得不到纠正，不仅加剧了社会矛盾，更可怕的是民众口上不说，心里却充满了仇恨，日积月累必然导致社会矛盾激化。公元前841 年，周发生了大规模的暴动，厉王逃到召公住处，民众又胁迫召公交出厉王，无奈之下，召公狸猫换太子，把自己的儿子交了出去。

102. 当断不断，反受其乱

【原文】春申君相二十五年，楚考烈王病。朱英谓春申君曰："世有毋望^①之福，又有毋望之祸。今君处毋望之世^②，事毋望之主^③，安可以无毋望之人乎？"春申君曰："何谓毋望之福？"曰："君相楚二十余年矣，虽名相国，实楚王也。今楚王病，且暮且卒，而君相少主，因而代立当国^④，如伊尹、周公，王长而反^⑤政，不即遂南面称孤而有楚国。此所谓毋望之福也。"春申君曰："何谓毋望之祸？"曰："李园不治国，而君之仇也。不为兵将，而阴养死士之日久矣。楚王卒，李园必先入据权而杀君以灭口。此所谓毋望之祸也。"春申君曰："何谓毋望之人？"对曰："君置臣郎中，楚王卒，李园必先入，臣为君杀李园。此所谓毋望之人也。"春申君曰："足下置^⑥之。李园，弱人也，仆^⑦又善之，且又何至此！"朱英知言不用，恐祸及身。乃亡去。

后十七日，楚考烈王卒，李园果先入，伏死士于棘门^⑧之内。申君入棘门，园死士侠刺春申君^⑨，斩其头，投之棘门外……

太史公曰：吾适楚，观春申君故城，宫室盛矣哉！初，春申君之说秦昭王，及出身遣楚太子归，何其智之明也！后制于李园，旄矣^⑩。语曰："当断不断，反受其乱^⑪。"春申君失朱英之谓邪？（《史记·春申君列传》）

【注释】①毋望：不期而至，无常。②毋望之世：指生死无常的世界。③毋望之主：喜怒无常的君主。④代立当国：代少主掌握国政。⑤反：同"返"，归还。⑥置：放弃。⑦仆：古时男子谦称自己。⑧棘门：寿州的城门。⑨侠：通"夹"，从两侧夹住。⑩旄：mào，通"耄"，年老，糊涂。⑪乱：祸患。

【导读】春申君任宰相的第二十五年，楚考烈王病重。朱英对春申君说："世上有不期而至的福，又有不期而至的祸。如今您处在生死无常的世上，奉事喜怒无常的君主，又怎么会没有不期而至的人呢？"春申君问道："什么叫不期而至的福？"朱英回答说："您任楚国宰相二十多年了,虽然名义上是宰相,实际上就是楚王。现在楚王病重,死在旦夕,您辅佐年幼的国君,因而代他掌握国政,如同伊尹、周公一样,等君王长大您把政权交还君主,否则自己称孤道寡、登基为王,从而享有楚国。这就叫意料不到的幸福。"春申君又问道:"什么叫不期而至的祸?"朱英回答道:"李园不从政治国,而与您作对。他不是军队统帅,却私下里长期蓄养敢死的武士。楚王一下世,李园必定抢先入宫夺权并要杀掉您灭口。这就是所说的不期而至的祸。"春申君接着问道:"什么叫不期而至的人?"朱英回答说:"您安排我做郎中,楚王一下世,李园必定抢先入宫,我替您杀掉李园。这就是所说的不期而至的人。"春申君听了后说:"您要放弃这种打算。李园是个软弱的人,我对他很友好,况且又怎么会到这种地步?!"朱英的进言不被采用,恐怕祸患殃及自身,就逃离了。

十七天后,楚考烈王去世,李园果然抢先入宫,并在棘门埋伏下刺客。春申君进入棘门,李园豢养的刺客从两侧夹住刺杀了春申君,斩下他的头,扔到棘门外边……

太公史说:我到楚地,观览了春申君的旧城,宫室建筑十分宏伟啊!当年,春申君劝说秦昭王,以及冒着生命危险派人把楚太子送回楚国,是多么聪慧的高明之举啊!可是后来被李园控制,昏聩糊涂了。俗话说:"应当决断时不决断,反过来就要遭受祸患。"说的就是春申君失却了朱英要击杀李园的机会吧?

"当断不断,反受其乱",是说应当决断而不决断,反过来就要遭受祸害。果断不等于武断,慎重决策也不等于优柔寡断,"苟利于民,不必法古;苟周于事,不必循俗。"(《淮南子·氾论训》)只要利于民、周于事,就可以不法古、不循俗,紧急时刻须抓住时机,果断、决断,当机立断。

103. 穷则思变，变则通

【原文】穷①则变，变则通②，通则久。（《易经·系辞下》）

【注释】①穷：终极，尽头。②通：通达。

【导读】事物达到穷尽局面时必须进行变革，变革以后才能通达，通达才能长久并继续发展。

成语"穷则思变"和常用语"变通"源于《易经》这段话。

司马迁曾概括说过：《易经》的核心思想是"长于变"。"穷则变，变则通，通则久"，这句话就强调了不断地发展变化是自然的规律，主张积极地革故鼎新、变化日新、与时俱进，以求通达、长久。

老子的"反者，道之动"则说事物总是朝着相反的方向发展，发展到极端时就会变成对立面，某种程度上与"穷则变，变则通"说的是同一道理。

总之，世界万物无时不变，不仅自然环境在变，人的思想观念、行为方式、可用资源等等都在变，这世界唯一不变的就是"变"。所以顺境时要抓住机遇，走向高端、精彩，被动时要适应变化，并主动地谋求革新，能够在变化中稳定，在变化中发展。人处逆境中，既要体味"曲则全"的道理，学会融通，能够屈伸，又要持有锐意进取、敢于创新的精神，做到与时俱进，革故鼎新。

104. 小不忍，则乱大谋

【原文】子曰："巧言乱德。小不忍，则乱大谋。"（《论语·卫灵公第十五》）

【导读】花言巧语会扰乱人的德行。小处不能忍耐，就会败坏大事情。

明白得失取舍道理者是大智之人。有得必有失，有取必有舍，"风物长宜放眼量"，志存高远者，不应斤斤计较于个人一时之得失，也不应该在小处、杂事上纠缠不清，而要以开阔的胸襟，着眼于大局，着眼于长远，为远大的抱负去努力、奋斗。

事实上，为大忍小也是一种德性的修炼，是为人大气、厚德载物的表现，也是一种生存和发展的智慧，是一个人逐渐成熟、堪担重任的表现。"忍"是一种理解、包容，目的是为"和"，是为了凝心聚力做大事。但过犹不及，忍小容杂也要有明晰的底线和原则，这个底线和原则就是有利于大局，有利于长远，有利于全面，而且你之"忍"可得"和"。对恶意害人的屡犯怎么办？有人问夫子："以德报怨，何如？"子曰："何以报德？以直报怨，以德报德。"（《论语·宪问第十四》）夫子主张要用公正回报怨恨，这就是"唯仁者能好人能恶人"，只有这样，才能助力道德纠偏，避免纵容恶人，同时也能合理地保护自己，更有利于长远和大局利益。

105. 曲则全

【原文】曲则全①，枉则直，洼则盈，敝则新②，少则得，多则惑③。是以圣人抱一为天下式④。不自见，故明；不自是，故彰；不自伐，故有功；不自矜，故长。⑤夫唯不争，故天下莫能与之争。古之所谓"曲则全"者，岂虚言哉！诚全而归之。（《道德经·第二十二章》）

【注释】①曲：委曲。全：保全。②枉：弯曲。直：伸直。洼：低洼地。盈：充盈。敝：动词，破旧。新：更新。③少则得：指少取反而多得。多则惑：指贪图多就会迷惑。④抱：守。一：指道。式：标准、范式。⑤自见：自我显示。见，同"现"。明：明察事物本质。自是：自以为是。彰：显著。伐：夸。自伐：自我夸耀。自矜：妄自尊大。长：长久。

【导读】委曲反而能保全，有弯曲才能有伸直，有低凹的地方才能装满，破除旧的才能生成新的，少取反而多得，贪多反而会使人迷惑。所以圣人坚守天道的原则治世，也是为天下人树立了做事的范式。不自我表现炫耀能耐，自己反而很突出。不自以为是，反而会彰显自己。不自我夸耀，反而会有功。不妄自尊大，才能长安久全。正因为不与他人争，所以天下没有人能跟他争。古人所谓"委曲可以保全"怎么会是空话呢？委曲确实能够保全自己，符合这个规则啊。

老子认为，对立的两个属性既是相反相成的，又时时处于相互转化的过程中。"反者，道之动"（《道德经·第四十章》），万事万物对立的两个方面相互转化、循环往复是"道"的运行规律。所以"曲"可得"全"，"枉"能致"直"。没有"洼"就谈不上"盈"，欲得"新"需敝"旧"。所以圣人遵照道的规律做事，不炫耀自我，不自以为是，不自我夸耀，也不妄自尊大，不与他人争，反而没有人能够与他争。《史记·淮阴侯列传》："太史公曰：……假令韩信学道谦让，不伐己功，不矜其能，则庶几哉，于汉家勋可以比周、召、太公之徒，后世血食矣（他的后代子孙就可以长久地祭祀他了）。"

大受无疆天地有道

106. 执子之手，与子偕老

【原文】死生契阔①，与子成说②。执子之手，与子偕老。(《诗经·国风·邶风·击鼓》)

【注释】①契：合，聚合。阔：离，离散。②成说：预先约定的话。

【导读】生离死别好凄苦，先前与你有誓约。紧紧拉着你的手，与你偕老到白头。

这是爱的誓言——平凡而真诚，朴素而感人；含蓄而坚决，生死而不渝。

"执子之手，与子偕老"原为战士战场诀别之语，现流行广泛而久远，多以"执手偕老"形容爱情的永恒。

"执子之手，与子偕老"宁静而温馨，简单而美妙，人生之乐、之福、之妙、之幸，尽在一"执"一"偕"之中。

107. 相敬如宾

【原文】初，臼季①使②，过冀③。见冀缺④耨⑤，其妻饁⑥之，敬，相待如宾。与之归，言诸文公曰："敬，德之聚也。⑦能敬必有德。德以治民，君请用之……"文公以为下军大夫。(《左传·僖公三十三年》)

【注释】①臼季：春秋时晋大夫，即胥臣，臼是他的食邑，故称臼季。曾官司空，又称司空季子，曾跟随晋公子重耳出奔。②使：出使。③冀：春秋时小国名，后被晋所灭，今山西省河津县东北有冀亭遗址，当是其国都。④冀缺：冀芮之子，芮为惠公的党羽，曾欲害文公，为秦穆公所诱杀。⑤耨：锄草。⑥饁：音 yè，给在田间耕作的人送饭。⑦敬，德之聚也：此聚德而成敬。

【导读】春秋时期，晋国大夫胥臣奉命出使路过冀地，遇见一农夫冀缺正在田间锄草，他妻子把午饭送到田头，恭恭敬敬地双手捧给丈夫；丈夫庄重地接过进食，妻子立在一旁等他吃完。胥臣被他们夫妻相敬如宾的举动所感动，就把冀缺推荐给晋文公。

这是成语"相敬如宾"的出处。"相敬如宾"，相处如待宾客，形容夫妻互相尊敬。

夫妻朝夕相处，一起面对全部琐杂的事务，怎能没有矛盾或冲突？要处理好夫妻关系，就需要相互之间的"敬，相待如宾"。

当然，"敬"之源在于"爱"，既为夫妻，当秉持"执子之手"的誓约，乐于付出，勇于改变，为爱而为，为爱而变。"家和万事兴"，欲"事兴"需"家和"，要"家和"需"互爱"、"互敬"，夫妻双方都要努力修行品德，相爱如初、相敬如宾。

108. 父慈而教，子孝而箴

【原文】父慈而教，子孝而箴①，兄爱而友，弟敬而顺，夫和而义，妻柔而正，姑慈而从②，妇听而婉③，礼之善④物也。（《左传·昭公二十六年》）

【注释】①箴：规谏，告诫。②从：宽容。③婉：温顺，顺从。④善：好，有益。

【导读】父亲慈爱而能对儿子进行教导，儿子孝敬而能（对父亲）加以规劝，兄长友爱而待人平等，弟弟尊敬而又顺从（兄长），丈夫和气而讲道理，妻子温柔而品行端庄，婆母仁慈而又宽容，儿媳听话而又温顺，这就是礼的有益作用。

"仁者，人也，亲亲为大；义者，宜也，尊贤为大；亲亲之杀，尊贤之等，礼所生也。故君子不可以不修身；思修身，不可以不事亲。"（《中庸》）"是故，人道亲亲也。亲亲故尊祖，尊祖故敬宗，敬宗故收族，收族故宗庙严，宗庙严故重社稷，重社稷故爱百姓，爱百姓故刑罚中，刑罚中故庶民安,庶民安故财用足,财用足故百志成,百志成故礼俗刑,礼俗刑然后乐。"(《礼记·大传》)"人道亲亲"事关社稷,事关民安,所以中国人最讲究修身、齐家、治国、平天下。家庭和谐幸福是治国平天下的基础。

一个家庭中,父母与子女之间,子女相互之间,夫妻之间,所有成员之间,角色分明,各尽其礼,分别做到"慈"、"教"、"孝"、"箴"、"爱"、"友"、"敬"、"顺"、"和"、"义"、"柔""正"、"慈"、"从"、"听"、"婉",则家和万事兴。能处理好家庭和家族关系,做到家和万事兴,说明其品德修养到位,这样的人,走上社会也能处理好朋友关系、上下级关系。所以孔子主张"立爱从亲始","弟子入则孝,出则弟……"(《论语·学而第一》)其施教,"先之以《诗》《书》,导之以孝悌"(《孔子家训·弟子行》)。《易经·家人》提出"教先从家始"、"正家而天下定"。孟子则说:"亲亲而仁民,仁民而爱物。"

109. 兄弟怡怡

【原文】子路问曰:"何如斯可谓之士矣?"子曰:"切切偲偲,怡怡如也,可谓士矣。朋友切切①偲偲②,兄弟怡怡③。"(《论语·子路第十三》)

【注释】①切切:情意恳切,感情融洽。②偲偲:偲,音 sī。偲偲,勉励、督促。③怡怡:容貌和悦,和气愉快。

【导读】子路问:"要做到什么样子就可以称为'士'了呢?"孔子说:"相互督促,和颜悦色,可以叫做士了。朋友之间,相互督促,兄弟之间,和颜悦色。"

"切切",是说情真意切。劝勉鼓励也好,督促商榷也罢,朋友相处的过程要"忠"、要"真"。孔子提倡"切切偲偲",但他也说过"君子和而不同",与人相处,既要努力"切切偲偲",又必须遵循自己的原则,和而不同。

"怡怡"是说结果的和悦。"人道亲亲"、"亲亲为大"，兄弟之间情爱为重，相处的结果要是"怡怡如也"，和睦愉悦。"怡怡"是兄弟相处的目标和导向。

110. 老吾老以及人之老

【原文】老①吾老②以及人之老③，幼④吾幼⑤以及⑥人之幼⑦。天下可运于掌。（《孟子·梁惠王上》）

【注释】①老：动词，把……当老人赡养、尊敬。②③老：名词，老人、长辈。④幼：动词，把……当孩子抚养、培养。⑤⑦幼：名词，子女、小辈。⑥及：推己及人。

【导读】在赡养孝敬自己的长辈时，不忘记其他与自己没有亲缘关系的老人；在抚养教育自己的小辈时，不忘记其他与自己没有血缘关系的小孩。做到这一点，统一天下就像在手掌心里转动东西那样容易。

"故推恩足以保四海，不推恩无以保妻子。古之人所以大过人者，无他焉，善推其所为而已矣。"（《孟子·梁惠王上》）所以如果广施恩德就足以安抚天下，不施恩德连妻子儿女也安稳不住。古代的贤明君主之所以远超一般人，没有别的原因，只是善于将他们所做的推广开去罢了。

"己温思人之寒，己安思人之难。"（叶玉屏《六事箴言》）自己温暖要想到他人的寒冷，自己安稳要想到他人的困难。"不以一己之利为利，而使天下受其利；不以一己之害为害，而使天下释其害。"（黄宗羲《原君》）为人君者不能单把自己受益看作受益，而应该让天下人都受益；不能只把自己受害看作受害，而应该让天下人都免其受害。

"君子有诸己而后求诸人，无诸己而后非诸人。"（《大学》）品德高尚的人，总是自己先做到，然后才要求别人做到；自己先不这样做，然后才要求别人不这样做。

推己及人，己欲立而立人，己所不欲勿施于人，是中华民族最重要的传统美德之一,也是儒家所倡导的"仁者爱人"、修身践仁的一种"为人之方"。《大学》有云:"所恶于上,毋以使下;所恶于下,毋以事上……所恶于左,毋以加于右;此之谓絜矩之道。""絜矩之道"就是以自己衡量别人之道,"推己及人"是儒家最有效的修养身心、处事待人之法。"老吾老以及人这老,幼吾幼以及人之幼"体现了儒家的"仁爱"是一种"差等之爱",或曰"推爱",是从与自己有血亲关系的人入手而逐步推广到更大范围的"爱人",不同于墨家主张的"爱人之父如己之父"的"兼爱"。

111. 教子义方

【原文】爱子,教之以义方①,弗②纳于③邪。(《左传·隐公三年》)

【注释】①义方:道义,指行事应该遵守的规矩法度。方:道。②弗:不。③纳于:进入,走上。

【导读】疼爱子女,应该用高尚的道德和规矩法度去教育他、约束他、引导他和培养他,而不能让他吸收邪恶的东西。

《战国策》有言:"父母之爱子,则为之计深远。"意思是,做父母的,真正疼爱孩子,就要为他们考虑周到、长远。

爱孩子,要"计深远"、"知根本"、"教之以义方",即教之以立身处世的规矩和法度。重修身明德,也不偏技能方法,让其修得好品质,学会立身处世,也让他学技能、健体质,吃得了苦,耐得住挫,做出成绩,建功立业。要避免目光短浅,为眼前一时小利而使之失去成长之本,发展之根;要防止本末倒置,重技能轻品德;要正确地关爱孩子而不可偏宠溺爱孩子。

"人之爱子,罕亦能均;自古及今,此弊多矣。贤俊者自可赏爱,顽鲁者亦当矜怜,有偏宠者,虽欲以厚之,更所以祸之。"(《颜氏家训·教子》)人们喜爱自己的孩子,却少有能够一视同仁的。从古到今,这中间的弊端可够多了。那聪慧漂亮的孩子,当然值得赏识喜爱,那愚蠢迟钝的孩子，也应该怜悯同情才是，有那偏宠孩子的，虽然想以自己的爱厚待他，却反而因此害了他。

112. 为政在人

【原文】哀公问政①。子曰："文武之政，布在方策。②其人存，则其政举；其人亡，则其政息。③人道敏政，地道敏树。夫政也者，蒲卢也④。故为政在人，取人以身，修身以道，修道以仁。⑤仁者，人也，亲亲为大⑥；义者，宜也，尊贤为大⑦。亲亲之杀，尊贤之等，礼所生也⑧。故君子不可以不修身；思修身，不可以不事亲；思事亲，不可以不知人；思知人，不可以不知天。

天下之达道⑨五，所以行之者三。曰君臣也，父子也，夫妇也，昆弟也，朋友之交也。五者，天下之达道也。智、仁、勇三者，天下之达德也。所以行之者，一也⑩。

或生而知之，或学而知之，或困⑪而知之，及其知之，一也。或安而行之，或利而行之，或勉强而行之，及其成功，一也。"（《中庸》）

【注释】①哀公：春秋时鲁国国君。姓姬，名蒋，"哀"是谥号。②文武：周文王、周武王。布在方策：记载在木板和竹简上。布，陈述。方，书写用的木板。策，同"册"，竹简。③其人：指周文王、周武王。举：施行。息：消失。④敏：迅速。蒲卢：芦苇。芦苇是易生之物，故其成功尤迅速。⑤此句译为：为政在于得人，取人首重修身，修身在于率性之道，而率性之道的原则就是仁。⑥仁者，人也：仁是人的生命所体现的生生之德。亲亲为大：亲近亲人是最大的仁。⑦宜：适宜。此句译为：尊敬贤人是最大的义。⑧杀：这里是等级差别，有递减的意思。犹如"尊贤之等"的"等"，都是"范围"、"界限"的意思。⑨达道：天下古今共同遵守的道理。⑩一：专一，诚实。⑪困：困苦，阻塞。

【导读】鲁哀公向孔子询问治国之道。孔子回答说："周文王和周武王的政治理论在典籍中都有陈述。如果今天有像周文王和周武王那样的人存在，他们的政治理论就能够施行；如果今天没有像周文王和周武王那样的人存在，他们的政治理论就不能得到施行。人之道就是勤勉地处理政事，地之道就是供应充足的养分使树木快速生长。以人施政最容易取得成效，就像种植蒲苇那样容易生长，所以国君治理国家最重要的就是要获得贤才，而获得贤才的方法就在于国君要努力提高自身的品德修养。要提高自身的品德修养，就在于使自己的言行符合道德规范，要使自己的言行符合道德规范就在于树立仁爱之心。具有仁爱之心并爱他人，就是仁，而爱自己的亲人是最大的仁。所谓义，就是待人处事适宜得当，尊敬贤人是最大的义。爱亲人分亲疏，尊重贤人有等级，这些都在礼仪中有所体现，所以君子不能不努力提高自身的品德修养（以获得他人更多的尊重）。想提高自身的品德修养，就不能不侍奉好父母；想侍奉好父母，就不能不了解人；想了解人，就不能不了解和掌握自然的法则。

天下共通的人伦大道有五条，用来实行这五条人伦大道的德行有三种。君臣之道，父子之道，夫妇之道，兄弟之道，朋友之道，这五条是天下共通的大道。智慧、仁爱、勇敢三种品德，是天下共通的美德。实行这些大道和美德的方法，只能是诚实专一。

有的人生来就知道这些道理，有的人通过学习才知道这些道理，有的人经历了困苦才知道这些道理，最终都知道了，这是一样的。有的人淡然如常地去实行这些道理，有的人为了名利去实行这些道理，有的人被迫勉强去实行这些道理，最终成功了，都是一样的。

孔子层层推进分析说理，向鲁哀公阐明了施政原则、为政之道，包括"以仁为本"、"五达道"、"三达德"、"九经"等。

"为政在人"、"有德此有人"，内圣才能外王，所以国君先要"修身"成"贤人"甚至成"圣人"。如何"修身"？"修身以道，修道以仁"，"仁"是根本。"仁"是慈爱普世的大目标，要从"亲亲"开始，推己及人地"老吾老以及人之老，幼吾幼以及人之幼"。

　　说到"仁"，就离不开"义"。"义者，宜也，尊贤为大。"最重要的义就是亲近有道德的贤者。"恭而无礼则劳"（《论语·泰伯第八》），恭敬过分了，就会叨扰不安，所以恭敬尊贤也要有度。

　　如何"亲善尊贤"呢？"亲亲之杀，尊贤之等，礼所生也。""杀"，是"亲"到某个程度为止。"亲亲之杀"，是说"亲亲"也有个界限，要适宜有度。"亲亲"过分了就变成了自私，就会影响进一步亲爱他人了。对孩子"亲"过分了就变成了溺爱，溺爱就会由爱变害；对于自己兄弟姊妹父母的孝悌，也有一个礼仪的范围，过分了，譬如包庇犯罪，也就越过"界限"了。同样道理，尊重贤能有德之士，也有一个度，就是要注意"礼"。子曰："君子义以为质，礼以行之，孙以出之，信以成之。君子哉！"（《论语·卫灵公第十五》）

113. 为政以德

　　【原文】子曰："为政以德，譬如北辰，居其所而星共之①。"

　　子曰："道②之以政，齐之以刑，民免而无耻；道之以德，齐之以礼，有耻且格③。"（《论语·为政第二》）

　　【注释】①为政以德：以德治国。北辰：北极星。所：处所，位置。共（gǒng）：同"拱"，围绕。②道：通"导"，引导。③齐：规范，约束。免：免罪，免祸。无耻：无廉耻之心。格：归服，向往。

　　【导读】孔子说："实行德政的人会得到百姓的真心拥护，就像是众星围绕在北斗周围。"

　　孔子说："用政令来治理百姓，用刑罚来整顿他们，老百姓只求能免于犯罪受惩罚，却没有廉耻之心；用道德引导百姓，用礼制去同化他们，百姓不仅会有羞耻之心，而且有归服之心。"

　　孟子主张"以德服人"，庄子强调"以德为本"，管子认为"通德者王"，荀子提出"以德兼人者王"，"德"被看作是管理国家、治理天下的基本原则和主要法宝。"君天下者，惟须正身修德，此外虚事，不足在怀。"

（《贞观政要·卷六·论慎》）"君行仁政，斯民亲其上，死其长矣。"（《孟子·梁惠王下》）

孔子最早明确提出"为政以德"的主张，提倡减少和适当淡化行政与惩罚手段，多用道德礼义教化为政治国。他认为"礼"和"乐"是"德治"的主体和根本，《礼记》有云："乐至则无怨，礼至则不争。""乐也者，动于内者也；礼也者，动于外者也。""赏"和"刑"虽然也是治国理政的手段，但其着眼于以利害相加，显然逊色于着眼于以德化人的"礼"和"乐"。

孔子特别强调为政者在道德上率先垂范的重要性，并对包括君王和各级士大夫的德性修养提出了许多主张。事实上，中国传统教育的根本目的就是培养从政的君子，而成为君子的首要要求是具有高尚的道德品质。所以，道德养成教育受到了先贤大儒的高度重视。

《论语》中记载的弟子及时人问学涉及诸多方面，譬如问政、问仁、问礼、问君子、问士、问孝、问友、问事君等等，比较起来，问政的内容几乎是最多的。这其实体现了孔子及其弟子对现实的强烈关怀和对于他人乃至整个人类的使命和责任意识。特从《论语》摘录部分"问政"内容供学习借鉴，体味传统儒学的为政之道。

子夏曰："仕而优则学，学而优则仕。"（《论语·子张第十九》）

子路问君子。子曰："修己以敬。"曰："如斯而已乎？"曰："修己以安人。"曰："如斯而已乎？"曰："修己以安百姓。修己以安百姓，尧舜其犹病诸。"（《论语·宪问第十四》）

子路曰："不仕无义。长幼之节，不可废也。君臣之义，如之何其废之？欲洁其身，而乱大伦。君子之仕也，行其义也，道之不行，已知之矣"（《论语·微子第十八》）。

子曰："道千乘之国，敬事而信，节用而爱人，使民以时。"（《论语·学而第一》）

哀公问曰："何为则民服？"孔子对曰："举直措诸枉，则民服；举枉错诸直，则民不服。"（《论语·为政第二》）

季康子问："使民敬、忠以劝，如之何？"子曰："临之以庄，则敬；孝慈，则忠；举善而教不能，则劝。"（《论语·为政第二》）

子曰："能以礼让为国乎？何有？不能以礼让为国，如礼何？"（《论语·里仁第四》）

季康子问："仲由可使从政也与？"子曰："由也果，于从政乎何有？"曰："赐也可使从政也与？"曰："赐也达，于从政乎何有？"曰："求也可使从政也与？"曰："求也艺，于从政乎何有？"（《论语·雍也第六》）

子曰："巍巍乎，舜、禹之有天下也，而不与焉。"（《论语·泰伯第八》）

子贡问政。子曰："足食，足兵，民信之矣。"子贡曰："必不得已而去，于斯三者何先？"曰："去兵。"子贡曰："必不得已而去，于斯二者何先？"曰："去食。自古皆有死，民无信不立。"（《论语·颜渊第十二》）

齐景公问政于孔子。孔子对曰："君君，臣臣，父父，子子。"公曰："善哉！信如君不君，臣不臣，父不父，子不子，虽有粟，吾得而食诸？"（《论语·颜渊第十二》）

子张问政。子曰："居之无倦，行之以忠。"（《论语·颜渊第十二》）

季康子问政于孔子。孔子对曰："政者，正也。子帅以正，孰敢不正？"（《论语·颜渊第十二》）

季康子问政于孔子曰："如杀无道，以就有道，何如？"孔子对曰："子为政，焉用杀？子欲善而民善矣。君子之德风，小人之德草。草上之风，必偃。"（《论语·颜渊第十二》）

子路问政。子曰："先之，劳之。"请益，曰："无倦。"（《论语·子路第十三》）

仲弓为季氏宰，问政。子曰："先有司，赦小过，举贤才。"曰："焉知贤才而举之？"子曰："举尔所知。尔所不知，人其舍诸？"（《论语·子路第十三》）

子路曰："卫君待子而为政，子将奚先？"子曰："必也正名乎！"……子曰："……名不正则言不顺，言不顺则事不成，事不成则礼乐不兴，礼乐不兴则刑罚不中,刑罚不中则民无所措手足。故君子名之必可言也,言之必可行也。君子于其言,无所苟而已矣。"(《论语·子路第十三》)

子曰:"其身正,不令而行;其身不正,虽令不从。"(《论语·子路第十三》)

子曰:"'善人为邦百年,亦可以胜残去杀矣。'诚哉是言也!"(《论语·子路第十三》)

子曰:"苟正其身矣,于从政乎何有?不能正其身,如正人何?"(《论语·子路第十三》)

定公问:"一言而可以兴邦,有诸?"孔子对曰:"言不可以若是,其几也。人之言曰:'为君难,为臣不易。'如知为君之难也,不几乎一言而兴邦乎?"曰:"一言而丧邦,有诸?"孔子对曰:"言不可以若是,其几也。人之言曰:'予无乐乎为君,唯其言而莫予违也。'如其善而莫之违也,不亦善乎?如不善而莫之违也,不几乎一言而丧邦乎?"(《论语·子路第十三》)

叶公问政。子曰:"近者说,远者来。"(《论语·子路第十三》)

子夏为莒父宰,问政。子曰:"无欲速,无见小利。欲速则不达,见小利则大事不成。"(《论语·子路第十三》)

子曰:"不在其位,不谋其政。"曾子曰:"君子思不出其位。"(《论语·宪政第十四》)

颜渊问为邦。子曰:"行夏之时,乘殷之辂,服周之冕,乐则《韶》《舞》,放郑声,远佞人。郑声淫,佞人殆。"(《论语·卫灵公第十五》)

子张问于孔子曰:"何如斯可以从政矣?"子曰:"尊五美,屏四恶,斯可以从政矣。"子张曰:"何谓五美?"子曰:"君子惠而不费,劳而不怨,欲而不贪,泰而不骄,威而不猛。"子张曰:"何谓惠而不费?"子曰:"因民之所利而利之,斯不亦惠而不费乎?择可劳而劳之,又谁怨?欲仁而得仁,又焉贪?君子无众寡,无小大,无敢慢,斯不亦泰而不骄乎?君子正其衣冠,尊其瞻视,俨然人望而畏之,斯不亦威而不猛乎？"子张曰："何谓四恶？"子曰："不教而杀谓之虐；不戒视成谓之暴；慢令致期谓之贼；犹之与人也，出纳之吝谓之有司。"（《论语·尧曰第二十》）

114. 率先垂范

【原文】是故君子有诸己①而后求诸人，无诸己而后非②诸人。所藏③乎身不恕④，而能喻⑤诸人者，未之有也。（《大学》）

【注释】①有诸己：有之于己，指自身已经先有。有，存在。诸，是"之于"的合读。②非：责怪。③藏：隐藏、掩饰。④恕：宽容仁爱。以己量人谓之恕。孔子说："己所不欲，勿施于人。"意思是说，自己不喜欢的事物，也不要强加于别人。这种推己及人、将心比心的品德就是儒学所倡导的恕道。⑤喻：说服。

【导读】所以品德高尚的君子自己首先做到，而后才要求别人去做；自己没有某种恶习，而后才指正别人的某种恶习，让别人不这样做。如果自身存有某些坏的品德，却能够说服别人按照自己的意思去做，这样的人是不存在的，这种事也不可能发生。

儒学的"为政以德"从内在要求了优秀为政者必须具备高度的德性和德行，为政者在道德上率先垂范才能更好地发挥道德教化的作用。自身先做到，然后才要求别人做；己所不欲，勿施于人。这就是以身作则，率先垂范，不言而教。"政者，正也。子帅以正，孰敢不正？"（《论语·颜渊第十二》）《大学》有言："一家仁，一国兴仁；一家让，一国兴让；一人贪戾，一国作乱。"意思是，如果国君的家庭成员之间仁爱和睦，那么整个国家就会兴起仁爱和睦的风气；如果国君的家庭成员之间互相谦让有礼，整个国家就会兴起谦让有礼的风气。正人先正己。一国之君如此，一个地区、一个单位甚至一个部门领导何尝不是如此？领导班子成员之间不仁、不让，贪欲横行，其治下风气何以能正？人心何以能顺？业绩何以能好？

115.其身正，不令而行

【原文】子曰："其身正，不令而行；其身不正，虽令不从。"（《论语·子路第十三》）

【导读】孔子说："（管理者）如果自身行为端正，不用发布命令，事情也能推行得通；如果本身不端正，就是发布了命令，百姓也不会遵守奉行。"

"政者，正也。子帅以正，孰敢不正？"（《论语·颜渊第十二》）

"苟正其身矣，于从政乎何有？不能正其身，如正人何？"（《论语·子路第十三》）如果端正了自身的行为，管理政事还有什么困难呢？如果不能端正自身的行为，怎能使别人端正呢？

儒家的政治学说，本质上是一种伦理政治，又叫崇德型政治。"仁德"是一个好的统治者特别是君王必须具备的道德品质。"为政在仁"，"修身以道，修道以仁"——"仁"是儒家思想的核心，也是统治者治国理政的重要手段。当权者应该以身作则，依靠个人的言行和魅力来影响并感召他人，而不能只是发号施令，甚至"所藏乎身不恕"，却"喻诸人"。内修正心，外显正身，以身作则，方能成为一个良好的为政者。孔子的观点至今仍有其非常积极的意义，无论何时何地，以身作则都是当好领导必须具备的条件之一。

116.大道之行，天下为公

【原文】大道之行也，天下为公①。选贤与能，讲信修睦②。故人不独③亲其亲④，不独子其子，使老有所终⑤，壮有所用，幼有所长，矜、寡、孤、独、废疾者皆有所养⑥，男有分，女有归⑦。货，恶其弃于地也，不必藏于己⑧；力，恶其不出于身也，不必为己⑨。是故谋闭而不兴，盗窃乱贼而不作，故外户而不闭。是谓大同⑩。（《礼记·礼运》）

【注释】①大道：指儒家推崇的上古时代的政治制度。之：助词，取消句子之间的独立性。行：施行。为：是，表判断。②选贤与（jǔ）能：把品德高尚的人、有才干的人选拔出来。与：通"举"，推举，选举。讲信修睦（mù）：讲求诚信，培养和睦气氛。信，诚信。修，培养。③独：单独。④亲其亲：第一个"亲"是名词的意动用法，以……为亲；第二个"亲"，指父母。⑤终：终老，终其天年。⑥矜（guān）：通"鳏"，指老而无妻的人。寡：老而无夫的人。孤：幼而无父的人。独：老而无子的人。废疾：残疾人。有所养：得到供养。⑦男有分（fèn）：男子有职务。分，职分，职守。女有归：女子有归宿。归，指女子出嫁。⑧货，恶（wù）其弃于地也，不必藏于己：意思是，对于财货，人们憎恨把它扔在地上的行为，却不一定要自己私藏。恶（wù），憎恶。藏，私藏。于，在。⑨力，恶其不出于身也，不必为己：意思是，人们都愿意为公众之事竭尽全力，而不一定为自己谋私利。⑩是故：即"故是"，因此、所以、这样一来。闭：杜绝。兴：发生。乱：指造反。贼：指害人。作：兴起。大同：指理想社会。同，有"和平"的意思。

【导读】在大道通行天下的时候，天下是人们所共有的。把品德高尚的人、能干的人选拔出来，人人讲求诚信，培养和睦的气氛，所以人们不单奉养自己的父母，不单抚育自己的子女，也使（所有的）老年人能安享晚年，（所有的）中年人能为社会效力，（所有的）幼童能健康地成长，使老而无妻的人、老而无夫的人、幼年丧父的孩子、老而无子的人、残疾人都能得到供养。男子有事务，女子有归宿。对于财货，人们憎恨把它扔在地上不管的行为，却不一定要自己私藏据为己有；人们都愿意为公众之事竭尽全力，而不一定为自己谋私利。因此奸邪之谋不会发生，盗窃、造反和害人的事情不会发生。家家户户大门都不用关上了。这叫做理想社会。

"大道"是一种理想的政治状态，"选贤与能"云云，是对理想社会状态的描述，也是对现实社会施政者的要求。儒家对现实施政者的德行要求首先是"安百姓"，"修己以安百姓"是为政的落脚点。其次是"爱百姓"，"泛爱众"。不独"亲亲"，还"泛爱众"；不独"爱人"，也"爱物"。

人人都能受到社会的关爱，人人都能安居乐业，物尽其用，人尽其力，这样的"大同世界"是儒家最理想的社会状态。国泰民安、盛世太平是许多仁人志士的终生追求。一个优秀的为政者，还要对政事忠敬勤勉，对上级、对民众要忠诚而恭敬，对工作要勤奋努力，做好事情；要廉洁奉公，"欲而不贪"。

117. 天长地久

【原文】天长，地久。天地所以能长且久者①，以其不自生，故能长生②。是以圣人后其身而身先③，外其身而身存④。非以其无私邪⑤？故能成其私⑥。（《道德经·第七章》）

【注释】①长：长存。久：永恒。所以……者：……的原因。②以：因为。自生：为了自己的生存。长生：长久存在。③后：轻视。身：自我。先：居先，占据前位。④外其身：不考虑自身（安危）。外，方位名词使动用法，此为"置之度外"的意思。存：长久存在。⑤以：因为。其：圣人。私：指身，即个人。⑥成其私：成就自我，指"身先、身存"。

【导读】天地长久存在。天地所以能长久存在，是因为天地的运行不是为了自己的生存，天地不自生却生万物而不息，所以能永恒长久。因此，有道的圣人面对利益名声谦退不争、先人后己，反而能在众人之中领先；将自身安危置于度外，反而能保全自身生存。圣人以无私的心态做事，反而成就了他个人。

天地不自生反而能长生，圣人无私反而能成其私。人之于世，大可谦虚内敛、后身不争，进退有据、利他利己。利他才能真正利己，成就他人才能真正成就自己。"我为人人，人人为我"，也是一种朴素的辩证法。当然，"无我利他"并不是要彻底地抛弃自我，完全不考虑自己核心利益的做法并非明智之举。

"名与身孰亲？身与货孰多？得与亡孰病？是故甚爱必大费，多藏必厚亡。故知足不辱，知止不殆，可以长久。"（《道德经·第四十四章》）

某种程度上可以说是从另一个角度说明了不自生而长生、外其身而身存之道，也就是取舍得失之道。财物、名声、利益、情感等等，其实都是身外之物，过分追求就是贪婪，贪婪则心境迷，心境迷则躁动妄为，躁动妄为则凶，凶则不能长久。所以取舍得失之道，是做人做事适可而止，遵道而为，为而不争，后其身、外其身，不甚爱、不多藏，如此则可身先、身存，知足不辱、知止不殆，可以长久。

老子的这些说法，不仅对"圣人"，也就是为政者、君王有启发，对一般民众也具有普遍的意义。

118. 以公灭私

【原文】以公灭私①，民其允怀②。（《尚书·周书·周官》）

【注释】①以：因为。公：公义。灭：去除。私：私情。②其：语气助词。允：诚信，信实。怀：归向。

【导读】为官者用公心去除私心，老百姓就会心服口服，归向执政者。

周武王姬发因病去世后，他的儿子姬诵继位，成为周成王，由他的弟弟姬旦辅政。姬诵继承武王遗志，对内以公灭私，刚柔相济，推行以德慎罚的主张，大封诸侯，建立了对各诸侯国的统辖；对外命周公姬旦东征平叛，将东部疆域扩展至海边。有一次周成王从外地回到王都，在督导整顿官吏时，作了长篇讲话，声明重视公权弱化私权的思想，"以公灭私，民其允怀"、"功崇惟志，业广惟勤"等就出自其讲话中。

周成王和群臣一起总结周朝建立以来行义兴业的经验，勉励大家"功崇惟志，业广惟勤"，并向群臣说明设官分职用人的法则，告诫他们要存公心灭私心，重公利除私利，才能赢得百姓的信赖和拥护。

司马迁在《史记·周本记》中说，"成康之际，天下安宁，刑错四十余年不用"。姬诵及其儿子周康王姬钊缔造了中国历史上第一个盛世，被后人誉为"成康之治"。

119. 公生明，偏生暗

【原文】公生明，偏生暗；端悫①生通，诈伪生塞②；诚信生神，夸诞生惑。(《荀子·不苟》)

【注释】①端悫：端正笃实。悫，读作què，诚实。②塞：闭塞，不通。

【导读】公平产生光明，偏私产生暗昧；诚实忠厚彼此信任，欺诈虚伪相互猜忌；赤诚守信彼此信仰产生神明，虚夸妄诞导致惑乱。

"理国要道，在于公平正直。"(《贞观政要·论公平》)公平正直、廉洁奉公是儒学对为政者提出的重要的道德要求。"吏不畏吾严而畏吾廉，民不服吾能而服吾公。廉则吏不敢慢，公则民不敢欺，公生廉，廉生威。"崇公抑私是中华文化的主流价值取向，"公生明，偏生暗"是这一导向的生动体现。

"廉者，政之本也，民之惠也；贪者，政之腐也，民之贼也。"(《晏子春秋·内篇杂下》)廉洁是从政的根本，可以给民众带来实惠；贪污是政治的腐败，是民众的盗贼。晏婴最早提出"廉政"的概念，倡导以廉治国，并以实际行动实现了"行廉不为苟得，道义不为苟和"的承诺。晏婴身穿粗麻衣服，头上腰间系着麻布袋子，手拿竹杖，脚穿草鞋，住在草棚里，睡在草苫子上。齐景公知道后派人给晏婴送去钱和一件昂贵的狐皮袍子，往返三次都被晏子拒绝，最后只好作罢。

120. 民惟邦本

【原文】皇祖有训，民可近①，不可下②。民惟邦③本，本固④邦宁。(《尚书·虞夏书·五子之歌⑤》)

【注释】①皇祖：即大禹，太康及五子的祖父，启的父亲。皇，大。训，训诫。近，亲近，爱护。②下：小瞧，轻视。③邦：这里就是国的意思。

在古代国为天下，邦比国小；近代言邦基本上就是国的意思，如邻邦，即为邻国。④固：此处理解为安定、团结。⑤五子：五子是夏启的五个儿子，帝太康的兄弟。《史记·夏本纪》说："帝泰康失国，昆弟五人须于洛汭，作《五子之歌》。"须于洛汭，在洛水之曲等待着太康。须，待。汭，水曲。五子对泰康失国有怨，于是追述大禹的教戒，写了一组诗歌，名叫《五子之歌》。

【导读】伟大的祖先大禹有训诫：民众只可以亲近，不可以疏远。民众是国家的根本，根本坚固，国家才能安宁。

"民惟邦本，本固邦宁"，是说老百姓是国家的基础，这实际上表达了一种以民为贵的思想。以民为贵是中国传统文化以人为本思想的重要内涵之一。目前可见最早的"以人为本"文字记载，出于《管子·霸言》："夫霸王之所始也，以人为本。本理则国固，本乱则国危。"《周易》：天地人三才，人为贵。草木有声有气而无知（知觉），禽兽有声有气有知而无义（礼仪、原则），人有声有气有知且有义，故为天下贵。《尚书·泰誓上》说："惟天地，万物父母。惟人，万物之灵"。

老子的"圣人无常心，以百姓之心为心。"（《道德经·第四十九章》）就在一定程度上体现了"贵民"思想。

春秋时期"礼崩乐坏"，人本思想开始突破天命论的宗教色彩，孔子提出了"古之为政，爱人为大"（《礼记·哀公问》）。他的仁学思想以"仁者爱人"为核心理念，界定了"爱人"是"仁"的核心标准。孔子还提出了践行仁德的具体路径办法，大大丰富了以人为本的内容，孔子事实上成了人本思想的倡导者。

战国时期的孟子，在继承孔子仁学思想的基础上倡导"以民为本"，并特别提出"民为贵，社稷次之，君为轻"。孟子认为"桀纣之失天下也，失其民也，失其民者，失其心也"（《孟子·离娄上》），他将孔子的"仁学思想"系统化为"王道仁政"，提出了"保民而王，莫之能御也"等观念，民本思想也就成了儒家的政治主张，而不再仅仅是一种人文、仁道的关怀。

中国儒学中的以民为本思想，彰显了人在社会生活中的主导、主动和支配地位（此前是天命鬼神处于支配地位），"人"取代天命鬼神成为社会和国家管理的主体与目标，这一改变的意义非常重大。以民为本理念告诉执政者，人民是治理国家的根本，执政者只有得到人民的拥护才能政通人和、政权稳固。以人为本要求执政者重视民意，赢得民心，了解民生，为百姓兴利去害。这些理念在中国历史上发挥了重要作用，对今天乃至今后执政为民仍然具有重要的参考价值。"民之所忧，我必念之；民之所盼，我必行之。"习近平同志二〇二二新年贺词掷地有声，体现了领导人浑厚的人民情怀，彰显了中国共产党的根本宗旨和价值追求。

121. 民之所好好之

【原文】民之所好好之，民之所恶恶之。此之谓民之父母。（《大学》）

【导读】只要是老百姓喜欢的，就大力支持、提倡；只要是老百姓厌恶的，就大力抵制、杜绝。能够这样想、这样做，才是老百姓真正的父母官。

"民之所好好之，民之所恶恶之"就是"以百姓之心为心"，这是儒家以人为本思想重要的、应有的表现。这里的"人"，是"民"的意思，不是指单个的自然人。

儒家"以人为本"的主要意涵有三个方面。其一是"以人为尊"。"天生万物，唯人为贵。"（《列子·天瑞》）"人者，天地之心也，五行之端也。"（《礼记·礼运》）。其二是"以民为贵"。"民惟邦本，本固邦宁。"（《管子·霸言》）"民为贵，社稷次之，君为轻。"（《孟子·离娄上》）"凡治国之道，必先富民。"（《管子·牧民》）所以为政者要真正地体民情、察民心、尊民意，"去民之所恶，补民之不足"（《国语·勾践灭吴》）。从根本上来说，就是要安民乐民，富民强国。以人为本的第三层含义就是以仁为本，仁德爱人。"仁者，人也，亲亲为大。"（《中庸》）"仁者爱人"不仅是个人道德，也是历来统治者非常重要的执政理念。孟子甚至主张当统治者不仁不义、荒淫无道、轻民贱民时，老百姓可以起来革命，强调君仁臣忠，独夫可诛。

122. 斧斤以时入山林

【原文】孟子对曰："王好战，请以战喻：填^①然鼓之，兵刃既接，弃甲曳兵而走^②，或百步而后止，或五十步而后止。以五十步笑百步，则何如？"

（梁惠王）曰："不可，直不百步耳^③，是亦走也。"曰："王如知此，则无望民之多于邻国也。不违农时，谷不可胜食也；数罟不入洿池，鱼鳖不可胜食也^④；斧斤以时入山林，材木不可胜用也。谷与鱼鳖不可胜食，材木不可胜用，是使民养生丧死无憾也。养生丧死无憾，王道之始也^⑤。五亩之宅，树之以桑，五十者可以衣帛矣！鸡豚狗彘^⑥之畜，无失其时，七十者可以食肉矣！百亩之田，勿夺其时，数口之家可以无饥矣！谨庠序^⑦之教，申之以孝悌之义，颁白者不负戴于道路矣^⑧。七十者衣帛食肉，黎民不饥不寒，然而不王者，未之有也。"（《孟子·梁惠王上》）

【注释】①填：敲鼓的声音。②走：此指逃跑。③直不百步耳：只不过没有逃到一百步罢了。直，只不过。④数罟（cù gǔ）：细密的渔网。数，读作cù，意思为密。洿池：大池。洿（wū），低洼的地方。不可胜食：多得吃不完。⑤养生丧死无憾，王道之始也：（民众）丰衣足食，则安居乐业，这就是王道的开始。王道，指君主以仁义治天下的政策。⑥豚（tún）：小猪。彘（zhì）：猪。⑦庠序：古代的学校。⑧颁白：年长者（头发花白者）。负戴：肩背、头顶，此泛指繁重的劳动。

【导读】孟子回答道："大王喜欢打仗，请让我用战争作比喻吧。战鼓隆隆，刀枪相接，面对面搏杀，战败的一方扔掉盔甲，拖着武器逃跑。有些人逃了一百步停下来，有些人逃了五十步停下来。那些只逃了五十步的人就嘲笑那些逃了一百步的人胆小怕死，那怎么样呢？"

惠王说："不可以，嘲笑别人胆小怕死的那些人，只不过没有跑到一百步罢了，实质上同样是逃跑了。"

孟子说："大王既然懂得这个道理，就不要企望魏国的百姓比邻国多了。不耽误农业生产的季节，粮食就吃不完；不用细密的鱼网去大塘捕捞，鱼鳖就吃不完；有节制地按一定的时令采伐山林，木材就用不完。粮食和鱼鳖吃不完，木材用不完，就能使百姓对生养死葬没有什么可遗憾的。百姓生养死葬没有什么遗憾，这就是以仁义治天下的开始。五亩田的宅地，（房前屋后）多种桑树，五十岁以上的人就能穿上丝棉袄了。不错过鸡、猪和狗一类家畜的繁殖时节，七十岁以上的人就能吃上肉了。一百亩的田地，不占夺（种田人的）农时，几口人的家庭就可以不饿肚子了。搞好学校教育，不断向年轻人灌输孝顺父母、敬爱兄长的道理，头发花白的老人就不必负重赶路了。七十岁的人穿上丝棉袄、吃上肉，百姓不挨冻受饿，做到这样却不能统一天下的，从来没有过。"

提出"仁政"理念，是孟子的一大贡献，儒家道德政治的理想由此变得更加清晰。孟子强调"道尊于势"、"德重于位"，倡导士人要重节操、讲道义、有风骨，要"穷不失义，达不离道"，并由坚守士人独立品格而发展成"民本"思想、"仁政"思想，树立了儒学"政在得民"的大旗。孟子的仁政思想，简言之就是一个以爱民、保民为核心，从人心入手，落实到制民之产的"与民偕乐"的政治。在孟子看来，"民为贵，社稷次之，君为轻"（《孟子·尽心下》），"得天下有道：得其民，斯得天下矣；得其民有道：得其心，斯得民矣；得其心有道：所欲与之聚之，所恶勿施，尔也"（《孟子·离娄上》）。孟子认为"仁政"需有经济物质条件，要充分解决民生问题，强调为民置产。"明君制民之产，必使仰足以事父母，俯足以畜妻子，乐岁终身饱，凶年免于死亡。"（《孟子·梁惠王上》）要薄赋省刑，减轻赋税和兵役劳役，使民有时，济贫救困，"使民养生丧死无憾……五十者可以衣帛……七十者可以食肉……数口之家可以无饥……"（《孟子·梁惠王上》）孟子还提出要与民偕乐："乐民之乐者，民亦乐其乐；忧民之忧者，民亦忧其忧。乐以天下，忧以天下，然而不王者，未之有也。"（《孟子·梁惠王下》）要推己之心以及人之心，譬如："老吾老以及人之老，幼吾幼以及人之幼。天下可运于掌……故推恩足以保四海，不推恩无以保妻子。"（《孟子·梁惠王上》）

孟子发挥了孔子的孝道思想，把孝作为"仁政"的根本。"人人亲其亲，长其长，而天下平。"（《孟子·离娄上》）"事，孰为大？事亲为大；守，孰为大？守身为大……"（《孟子·离娄上》）守身与孝顺父母是根本，孝是"仁政"的根本，一切都应该由此入手。

孟子继承了孔子礼乐教化、"富之教之"的思想，主张既要制民之产，薄赋省刑以养民，又要兴办学校，用道德对民众进行教化。"谨庠序之教，申之以孝悌之义。"（《孟子·梁惠王上》）召集民众，"教以人伦：父子有亲，君臣有义，夫妇有别，长幼有序，朋友有信"（《孟子·滕文公上》）。孟子还说："善政不如善教之得民也。善政民畏之，善教民爱之。善政得民财，善教得民心。"（《孟子·尽心上》）让民众得到很好的教育，是化民治民的根本之术。

孟子的"仁政"内容还包括尊贤重能等等。"仁则荣，不仁则辱……莫如贵德而尊士，贤者在位，能者在职。"（《孟子·公孙丑上》）

123. 与民偕乐

【原文】孟子见梁惠王，王立于沼①上，顾②鸿雁麋鹿，曰："贤者亦乐此乎？"孟子对曰："贤者而后乐此；不贤者，虽有此，不乐也。《诗》③云：'经始灵台，经之营之④。庶民攻之，不日成之。⑤经始勿亟，庶民子来。⑥王在灵囿，麀鹿攸伏⑦，麀鹿濯濯，白鸟鹤鹤。王在灵沼，於牣鱼跃⑧。'文王以民力为台为沼，而民欢乐之，谓其台曰灵台，谓其沼曰灵沼，乐其有麀鹿鱼鳖。古之人与民偕乐，故能乐也。《汤誓》曰：'时日害丧？予及女皆亡。'⑨民欲与之皆亡，虽有台池鸟兽，岂能独乐哉？"（《孟子·梁惠王上》）

【注释】①沼：池塘。②顾：转动脖子看，观赏。③《诗》：即《诗经》。《诗经·大雅·灵台》称颂周文王修建灵台、灵沼时爱惜民力，百姓踊跃参与建造，甚至动物都被百姓的欢乐所感染。④经之营之：测量它，标记它。经，测量。营，标记。⑤攻：治也，工作。不日：不设期限。⑥勿亟：不必匆忙（文王语）。亟，急。子来：犹如儿子为父亲工作一样赶来修造灵台。子，像儿子那样。⑦麀（yōu）：母鹿。攸（yōu），语助词，用同"所"字。⑧於（wū）：表赞美的叹词。牣（rèn）：充满。⑨《汤誓》：即《尚书·汤誓》。时日害丧：何时才是你（桀）的死期呢？时，此也。害，即"曷"，何也，何时。予及女皆亡：我和你一道死去。予，我。女，你。

【导读】孟子谒见梁惠王。惠王站在池塘边上，一面观赏着鸿雁麋鹿，一面问道："贤人对此也感受到快乐吗？"孟子答道："只有有德行的人才能感受到这种快乐，没有德行的人纵然拥有珍禽异兽，也不会（真正感受到）快乐的。《诗经·大雅》上说：'文王规划筑灵台，基址方位细安排，百姓踊跃来建造，灵台很快就造好。文王劝说不要急，百姓干活更积极。文王巡游到灵囿，母鹿自在乐悠悠，母鹿肥美光泽好，白鸟羽翼真干净。文王游观到灵沼，鱼儿满池喜跳跃。'文王虽然使用民力造起了高台深池，但百姓却高高兴兴，把建造的高台叫做灵台，把池沼叫做灵沼，为文王能享有麋鹿鱼鳖而高兴。古代的贤君与民同乐，所以能享受到（真正的）快乐。《汤誓》中说：'这个太阳什么时候灭亡？我宁肯跟你一起去死！'老百姓恨不得与他同归于尽，（他）纵然拥有台池鸟兽，又如何能独自享受快乐呢？"

　　孟子借与梁惠王的对话，提出了一个鲜明的观点："独乐乐，不若与人乐乐。""与民偕乐"是中国传统民本思想的一种表现或者说是其内在要求，是执政者"仁者爱人"的一个方面。一个"与民偕乐"、以民之乐为乐的统治阶层，才能够察民情、顺民意、得民心，才能够安民心、兴政事，长治久安。

中国传统的人文主义以伦理为基础，更重视"道德"、"群体"。强调个人的命运与群体息息相关，强调人是社会动物，须尽社会义务与责任，强调个人依据仁爱、正义、宽容、和谐、义务等准则而行为，要服从社会群体。中国传统人文主义的特点正是"独乐乐，不若与人乐乐"思想的基础，也是中国人具有强大的爱国主义精神和自我牺牲精神的思想基础。

124. 修礼者王

【原文】修①礼者王，为政者强，取民②者安，聚敛者亡。古王者富民，霸者富士，仅存之国富大夫，亡国富匡箧、实府库。匡箧已富，府库已实，而百姓贫，夫是之谓上溢而下漏。入不可以守，出不可以战，则倾覆灭亡可立而待也。(《荀子·王制》)

【注释】①修：遵循。②取民：得民心。

【导读】遵循礼义的君王能成就帝王大业，善于处理政事的君王能富强，获得民心的君王能安坐江山，贪财敛宝的君王会导致灭亡。所以，称王天下的君王使民众富足，称霸诸侯的君王使勇士富足，勉强能生存的国家使士大夫富足，而亡国君王只是富足自己的箱子、塞满自己的仓库。自己的箱子、仓库装满了，而百姓却贫困了，这叫做上面富而下面贫。对内不能防守，对外不能打仗，那么他的覆灭之日马上就要来到了。

本节体现了荀子的民本思想。荀子的民本思想综合了战国道家、墨家、名家、法家的思想，对儒家民本思想进行了创造性的发展。"礼"是荀子民本思想一个最大的特点。

儒家重礼。孔子主张"为政以德"、以礼治国，统治者要做圣贤，老百姓要做君子。"礼，经国家、定社稷、序民力、利后嗣者也。"(《左传·隐公十一年》)"礼以行义,信以守礼,刑以正邪。"(《左传·僖公二十八年》)礼是用来推行道义的,信是用来维护礼仪、保护道义的,刑罚是用来纠正邪恶的。

荀子隆礼。他认为,"人之命在天,国之命在礼"。礼是社会和民众必须遵循的最高行为准则、道德规范和礼仪形式,是治国之根本、管人之法则。认为仁为本,礼为径,礼是实行仁的途径和方法,是成为贤人君子之道。每个人都可以通过礼来引导、教化,培养、塑造、升华其人性。

荀子主张"义分则和",只有对人进行适宜的名分划分,才能形成社会并实现各层级之间的和谐。"分"是说分出层级名分和权利义务;"义分"就是依据礼义道德划分名分和权责,人群中不同层级者,各安其分,各得其宜,互不侵犯,从而和谐不争地社会群居。"贵贱有等,长幼有差,贫富轻重皆有称者也。"(《荀子·富国》)这是荀子设想的上下有别的社会制度,是治民驭民的根本法则。"贵贱"指的是社会职位分工的不同,并非指道德价值的优劣。

"力不若牛,走不若马,而牛马为用,何也?曰:人能群,彼不能群也。人何以能群?曰:分。分何以能行?曰:义……故人生不能无群,群而无分则争,争则乱,乱则离,离则弱,弱则不能胜物,故宫室不可得而居也。不可少顷舍礼义之谓也!"(《荀子·王制》)人的力气不如牛大,奔跑不如马快,但牛马却被人驱使,这是什么原因呢?是因为人能结合成群体,而牛马不能。人为什么能结合成群体呢?是因为有等级名分制度。等级名分制度为什么能实行?是因为有礼义来维持……人要生存,就不能不结合成群体,群体没有等级、名分的界限就会发生争端,发生争端就会产生动乱,产生动乱就会分离,分离就会削弱力量,力量削弱了就不能战胜万物,所以也就没有房屋安居了。这就是说人不能片刻舍弃礼义。

125. 圣人以百姓心为心

【原文】圣人无常心①，以百姓心为心。善者，吾善之；不善者，吾亦善之，德②善。信者，吾信之；不信者，吾亦信之，德信。圣人在天下，歙③歙焉，为天下浑其心④。百姓皆注其耳目⑤，圣人皆孩之⑥。（《道德经·第四十九章》）

【注释】①无常心：长久保持无私心。有的版本作"常无心"。②德：假借为"得"。③歙：音xī，意为吸气。此处指收敛意欲。④浑其心：使心思淳朴无欲。⑤百姓皆注其耳目：指百姓视听圣人之言行。⑥圣人皆孩之：圣人（教化）百姓们都回复到婴孩般纯真质朴的状态。

【导读】圣人没有名利、私欲所求，以百姓之所求作为自己心之所属。善良的人，圣人善待他；不善良的人，圣人也善待他，就可以形成良善的社会品德。守信的人，圣人以诚信对待他；不守信的人，圣人也以诚信对待他，就可以形成诚信的社会品德。圣人在其位，谨慎收敛自己的欲望，使内心淳朴无欲。天下百姓都专注地观听圣人的言行，受到教化，都回到孩童般淳朴的状态。

圣人没有个人成见偏见，处处考虑民心、民瘼（读作mò，病，疾苦的意思），管理天下时想百姓之所想，会遵照道的法则，收敛自己的欲望而不为所欲为，会让自己成为表率，使天下民众的心思也归于浑朴。这段文字体现了老子的"贵民"思想。他主张统治者要以"柔"、"下"之心待民，无私无欲地善待民众，善待万物。"圣人无常心，以百姓心为心"，善与不善皆善之，信与不信皆信之，体现了一种与民平等的思想。

126. 得道者多助，失道者寡助

【原文】故曰：域民①不以封疆之界，固国②不以山溪之险，威天下不以兵革之利③。得道④者多助，失道者寡助。（《孟子·公孙丑下》）

【注释】①域民：使民众居住在一定区域之内，为自己所统治。②

固国：使国防坚固。故，使动用法。③兵革：泛指武器装备，此处也包含军队。兵：武器。革：皮革制成的甲、胄、盾之类。利：锐利。④得道：能够施行治国的正道，即行仁政。

【导读】所以说，限制人民不是靠国家的疆界，巩固国防不是凭山河的险要，威服天下不是恃武力的强大。能够施行仁政、得到正义的人，帮助他的人便多；不施行仁政、失掉正义的人，帮助他的人就少。

这一段话，是孟子阐述了"天时不如地利，地利不如人和"之后，进一步地推断一个结论——得道者多助，失道者寡助。而推断这一结论的目的，则是为了阐明施行"仁政"的必要性：施行仁政，可以得道义，得道义者得人心，得道义、得人心者多助，得道义、得人心、得多助者胜；不行仁政，则失道义，失道义者失人心，失道义、失人心者寡助，失道义、失人心、寡助者亡。

127. 弋不射宿

【原文】子钓而不纲①，弋不射宿②。（《论语·述而第七》）

【注释】①纲：动词，用大绳系住网，横断流以捕鱼。②弋（yì）：用带生丝的箭来射鸟。宿，归巢的鸟。"不射宿"，不射栖宿的鸟。

【导读】孔子只用（有一个鱼饵的）鱼竿钓鱼，而不用大网来捕鱼；用带生丝的箭射飞鸟，但不射在巢中栖息的鸟。

"说文：宿，止也，言鸟栖止巢中也"。鸟止巢中，"非必夜止也"，"其日中栖巢者，必伏卵育雏之类"。夫子不射之，就是不杀胎取卵，不杀害幼小的生命，不颠覆鸟巢。

"古者贵礼，不贵财。""天子诸侯为祭及宾客则狩"，但"狩之事大，而非士所得为"，"故为祭及宾客则钓弋"，"盖在礼所必然焉"。为了待客以礼，为了表示恭敬心，不能狩猎的士就去"钓"或"弋"。孔子时代已经有这种"狩"、"钓"之礼了。虽然这是一个恶业，但孔子无法改变这种礼，只能尽量委曲婉转地来保全仁爱之心：尽量减少伤害——

不网鱼、不射宿。

孔子"钓而不纲，弋不射宿"尽量减少杀生的行为，看似平常之举，实则是对其"仁者爱人"仁德思想的扩展，也是教化民众的一种形式。对人的教育有"境教"、"言教"、"身教"几种形式，"钓而不纲，弋不射宿"正是孔子在施行"身教"。

孔子"钓而不纲，弋不射宿"的行为，某种程度上也是中国传统农耕文明推崇人与自然和谐（天人合一），提倡合作包容，不掠夺式利用自然资源的一种外在表现，体现了"取物不尽"的朴素生态道德和可持续发展思想。

128. 上有所好，下必甚焉

【原文】君薨①，听于冢宰②，歠粥③，面深墨，即位而哭，百官有司，莫敢不哀，先之也。上④有好⑤者，下必有甚⑥焉者矣。（《孟子·滕文公上》）

【注释】①君薨：（滕定公）去世。薨（hōng），古代诸侯或士官的去世叫薨。②冢宰：辅助国君的人，相当于后来的宰相。③歠粥：喝粥。歠（chuò），喝。④上：居上位的人。⑤好：爱好。⑥甚：更厉害。

【导读】孔子说过："君主死了，太子把一切事务交给宰相处理，自己喝着粥，面色深黑，在灵前痛哭流涕，大小官吏没有人敢不悲哀，因为太子亲自带头的缘故。"居上位的喜好什么，下面的人肯定会更加喜好。

原文背景是：滕定公去世，太子不知如何办是好，就让其大臣然友请教孟子。孟子讲要服丧三年，但宗室百官都不愿意。又向孟子请教，孟子讲了上面的话，又说君子的道德，好比是风；老百姓的道德，好比是草。风吹到草上，草必定倒伏。一切全在于太子。于是太子住在丧庐里五个月，不出政令诫示。百官和同族的人都赞同，认为太子知礼。到了安葬那天，各地的人都来观看葬礼。太子面容悲戚，哭声哀伤，使吊丧的人非常满意。

　　成语"上有所好，下必甚焉"也作"上有好者，下必甚焉"，在上位的人有什么爱好，在下位的人一定会仿效得更厉害。上行下效，居上位者的一言一行影响巨大而深远。所以上位者要谨慎，特别是个人"喜好"方面，所谓"楚王好细腰，后宫多饿死"。为官执政者须有足够的警醒。

129. 无为而治

　　【原文】不尚贤，使民不争[①]；不贵难得之货，使民不为盗[②]；不见可欲，使民心不乱[③]。是以圣人之治，虚其心[④]，实其腹[⑤]，弱其志[⑥]，强其骨。恒使民无知无欲[⑦]。使夫智者不敢为也[⑧]。为无为[⑨]，则无不治。（《道德经·第三章》）

　　【注释】①尚贤：崇尚贤才。尚，尊崇，看重。贤，贤才。另一说指财富，《说文》曰："贤，多财也。"与下文"难得之货"、"可欲"一致。②不贵难得之货，使民不为盗："贵难得之货"即看重稀贵之物。贵，以……为贵，看重。货，财物。③见，同"现"，显示，炫耀。可欲，指能引发人们贪欲的事物（名利），如财宝、名声、美食等。④虚其心：使头脑空虚，无思无欲，心灵达到虚一而静的境界。虚，同"无"，空。心，此指思想，头脑。⑤实其腹：让"道"在体内充满。⑥弱其志：削弱对私欲的渴望。⑦无知无欲："虚心"则"无知"，"弱志"则"无欲"。"恒"，有的版本作"常"。知，机心，指权谋诈巧之心。"无欲"是指民风淳朴，不产生过度的、极端的、过量的"欲"，不产生侵犯他人的欲望，不给玩心机者可乘之机。⑧智者：有权谋诈巧之心的人。为：肆意妄为。⑨为无为：第一个"为"是动词，指遵循、依照。无为：指顺应"道"的规律（自然）而为。

　　【导读】（君王）不崇尚贤才异能，使人民不至于炫技逞能而争名逐利。（君王）不看重稀贵之物，使人民不做盗贼。（君王）不显耀足以引起贪欲的物事，使人民的心思不至于被扰乱。因此，圣人治理天下的原则是，使自己的内心虚一而静，让"道"深入内心，削弱自己私欲的膨胀，增强行"道"的能力。（这样就可以）常使人们不展机心、不生过多贪欲，使那些有权谋诈巧之心的人不敢为所欲为。（君王）顺应道的规律，按照无为的原则去做，办事顺应自然，天下即可得到全面的治理。

《道德经》侧重阐发的是圣人治世思想，主要是为统治者提供治国方略。中国传统文化主张天人合一，《诗》曰："上天之载，无声无臭。"天地承载万物，不动声色，无声无息。人作为天地万物之一种，与其他物种一样，既有其天赋于己的自然本性，并依其天性规律生息发展，又要尊重自然万物的本性和生息规律，保持"天地位焉，万物育焉"，"致中和"的动态平衡。老子主张"为无为"，"无为而治"，其思想的核心正是尊重并道法自然万物之本然天性和生息规律。所以君王（当权者）要"虚其心，实其腹，弱其志，强其骨"，最终到达"为无为，则无不治"的境界。

"为无为，则无不治"等内容是对侯王圣君说的，"无为"是对君王的要求。君"不尚贤"才能有"民不争"的结果，君"虚其心，实其腹，弱其志，强其骨"，才能"恒使民无知无欲"。

"无为而治"是老子依据自然之道提出的主要的治世思想，所以他反复告诫君王"道常无为而无不为"。"以正治国，以奇用兵，以无事取天下。吾何以知其然哉？以此：天下多忌讳，而民弥贫；人多利器，国家滋昏；人多伎巧，奇物滋起；法令滋彰，盗贼多有。故圣人云：'我无为，而民自化；我好静，而民自正；我无事，而民自富；我无欲，而民自朴。'"（《道德经·第五十七章》）正：这里指无为、清静之道；取天下：即治理天下。这段话的意思是，以无为、清静之道治理国家，以奇巧、诡秘的办法用兵，以不乱为、妄为、不扰害人民而治理天下。我怎么知道是这样呢？根据就在于：天下的禁忌越多，老百姓就越陷于贫穷；人民的锐利武器越多，国家就越陷于混乱；人们的技巧越多，邪风怪事就越闹得厉害；法令越是森严，盗贼就越是不断地增加。所以有道的圣人说：我无为，人民就自我化育；我好静，人民就自然富足；我私欲少，人民就自然淳朴。

民众的状态或结果是君王（当权者）的行为造成的，君王（当权者）的行为是因，百姓的反应是果。所谓"圣人之治"也就是"我无为"，即权力道法自然、遵道而行，既不妄为、乱为，也不多为或不为，如此才能让人们回归自然，不争不乱，天下大治。

需要注意的是，老子所说的"无为"，并非不做任何事情，而是要按照自然之"道"去"为"，其所"为"应限于必要和顺乎自然："必要"是说行动的目标要具体而有限，既非不为，也不多为；"顺乎自然"是说要依道而行，循万物之性而为，按照时势和事物的本性、自然规律行动而不强求妄为。妄为、多为都是"伪"，过分人为的结果比不为更糟糕；该为不为的懒政、怠政也是某种意义上的"妄为"。

130. 其政闷闷，其民淳淳

【原文】其政闷闷，其民淳淳①；其政察察，其民缺缺②。祸兮，福之所倚；福兮，祸之所伏③。孰知其极？其无正也④。正复为奇，善复为妖⑤。人之迷，其日固久⑥。是以圣人方而不割，廉而不刿，直而不肆，光而不耀。(《道德经·第五十八章》)

【注释】①闷闷：宽容，宽厚，指无为施政。淳淳：安乐状。一说质朴，敦厚。②察察：看似什么事情都洞悉明了，实则是施政严厉、苛刻，此指妄为、多事。缺缺：狡诈，刁滑。一说缺少，不足。③倚：依傍。伏：潜伏。④极：终极的结果。其：指祸福变换。无正：无定，没有固定的标准。⑤奇：不正，邪。妖：不善，恶。⑥迷：困惑（祸福关系）。日：时间。久：长久。⑦方：方正。割：削刻，伤害（人）。廉：有棱角。刿：guì，划伤（人）。直：正直。肆：放肆、肆意。光：光明磊落。耀：炫耀刺眼。

【导读】政治宽厚清明，百姓喜乐淳和；政治严酷妄为，百姓怨愤狡诈。福中有祸，祸中有福，如阴阳在不断运动中相互转化，谁知道其结果如何？根本就没有最终的答案。正常事可以变得反常，良善者可以变成险恶人。人们困惑于福祸变换而不知其理太久了。所以圣人端庄方正而不苛责伤人，讲原则有棱角而不莽撞伤人，为人正直而不放肆，光明磊落而不炫耀。

　　老子首先对比了两种施政行为及其效果，突出了其无为而治的政治思想："闷闷"之治宽厚无为，而百姓喜乐敦厚；"察察"之治严厉妄为，百姓则狡诈怨愤。表面上看，"闷闷"之治，似乎很少作为，但老百姓却自得淳淳之乐而质朴敦厚；"察察"之治，似乎什么事情都洞悉明了、政治严酷，老百姓反而会以狡诈应对，甚至心生怨愤。所以老子提出了一种辩证的思想：祸兮，福之所倚；福兮，祸之所伏。看待问题既要顾此，也要顾彼；既要知其利，也要知其害。而且，判断利害祸福既不能被表面现象迷惑，也要考虑它们是可以相互转化的对立统一关系，正所谓或福或祸，或正或奇，或善或恶，"孰知其极"？所以老子说，真正的有道圣人，真正遵道治国、管理百姓的人，应当具有"方而不割，廉而不刿，直而不肆，光而不耀"的特性。这些特性恰是美玉的品德，所以古人尚玉，常说君子如玉。

131. 礼之用，和为贵

　　【原文】有子曰："礼之用，和为贵①，先王之道，斯为美，小大由之②。有所不行，知和而和，不以礼节之，亦不可行也。③"（《论语·学而第一》）

　　【注释】①用：作用，功能。和：使事处于恰当、适合的情势。斯：这个，指"和为贵"。②小大由之：无论小事、大事，都以"和为贵"为行动的原则。③此句译为：如果是由于知道了"和为贵"的意义而盲目地遵循这个原则，不以礼的规范制度来加以节制的话，那么这个原则在现实中也有行不通的地方。

　　【导读】有子说："礼的施用以做事恰到好处为贵，古代君王治理国家的方法，可贵之处就在于此，小事大事都遵循'和'的道理去做。如果是由于知道了'和为贵'的意义而盲目地追求恰到好处，不以礼的规范制度来加以节制的话，那么这个方法在现实中也有行不通的地方。"

"礼者，天地之序也。"（《礼记·乐记》）自然存在的规矩，就是礼。"礼者，天理之节文，人事之仪则也"（朱熹），礼是天理的表现，也是"人事之仪则"。中国传统文化强调待人、处事、接物要遵守礼仪、规则，古人八岁入小学学习的重点内容之一就是"应对、进退之节"，这就是道德教化，就是礼教。礼教的核心，集中体现在孟子提倡的"五伦"，即"父子有亲，君臣有义，夫妇有别，长幼有序，朋友有信"（《孟子·滕文公上》）。五伦观念既是个体道德修养的重要的价值取向，也是维系中华民族群体关系的刚性要求，是中国古代规范处理人际关系的基本准则，在维护社会和谐稳定方面发挥了很大的作用，遵礼而行也是践行中庸之道的重要方法。

"礼之用，和为贵"，体现了中华文化贵和尚中、顾全大局的理念。"和也者，天下之达道也"（《中庸》），"天时不如地利，地利不如人和"（《孟子》），"和则一，一则多力；多力则强，强则胜物"（《荀子》）。和：和合。包括和谐、和睦、和平，也含有合作、融合之义。"和谐精神"是中国传统文化的基本精神之一，"和合思想"存在于中华传统文化的各个层面：个体要讲究修身养性，身心和谐；家族内部，讲究家和万事兴；社会交往要以和为贵、和而不同；治国理政追求政通人和；国际交往提倡和平共处；在处理与自然万物的关系时，要尊重自然规律，做到天人合一、和谐相处。总之，爱好和平、崇尚和谐是中国传统文化的一个非常独特的价值观，也是对人类文明作出的重要的贡献。

132. 致中和，万物育

【原文】天命①之谓性，率性②之谓道，修道之谓教。道也者，不可须臾离也，可离非道也……喜怒哀乐之未发，谓之中③；发而皆中节，

谓之和④。中也者，天下之大本也；和也者，天下之达道也。致中和，天地位焉，万物育焉。⑤（《中庸》）

【注释】①天命：一定时空环境中产生、存在的规律性的东西。朱熹解释说："天以阴阳五行化生万物，气以成形，而理亦赋焉，犹命令也。"（《中庸章句》）天，可以理解为一定的时空环境、状态，不是指什么有意志的神灵。②率性：遵循本性，遵循"天"赋之理、自然之道。率，遵循，按照。③中：恰到好处，无过无不及。此指情感、情绪处于天赋本然的平常状态。④中（zhòng）节：符合节度法度。和：和谐，不乖戾。指内在情感"发而中节"达到的那种恰到好处、和谐和睦的状态。⑤致：达到。位：安于所处的位置。育：成长发育。

【导读】天生具有的自然禀赋就是（天）性，引导或规范事物顺着天赋本性发展就是道，修养心性或教人修养心性以"率性"行事就是教。道是不可以片刻离开的，如果可以离开，那就不是道了……人的喜怒哀乐情绪保持本然状态，就是中；情绪表达出来而符合节度，就是和。中是天下万物生息运行的根本，和是天下最普遍通行的准则。天地万物保持天赋本然的状态，相互之间处于和睦和谐、完美融合的境界，就会各安其位，生生不息。

这是《中庸》第一章，具有全篇总纲的性质，后面十章都围绕本章内容展开。《中庸》的核心思想是儒家的中庸之道，讨论的重点是如何实现中庸之道。那么何为"中庸"以及"中庸之道"呢？无过无不及、恰到好处谓之"中"，在日常生活中平常常态谓之"庸"，"中庸之道"是一种平常生活中恰到好处地做人做事的方法和智慧。"庸"的另一种解释是"用"，就是"执其两端，用其中于民"。"两端"是指两个极端情况，"执其两端"就是全面了解各方面情况；"用其中"的"中"，是适度适宜、恰到好处，合情合理、平衡和谐；"执两用中"就是全面了解分析各种因素和方案，选择最有效的方法，最合理适宜、最有利于事物整体的方案使用。

生存于天地间的万千物种都有其天赋本性，也有其生息发展的内在规律。尊重事物的天赋本性和生存规律，保持事物各率其性、和谐共生就是"致中和"，"致中和，天地位焉，万物育焉"是中庸思想的精髓。

中国传统文化主张天人合一，提倡道法自然，中庸之道是以实际结果为导向的执两用中，追求的是动态的合理性，是"万物并育而不相害，道并行而不相悖"的结果。中庸思想已经隐含了统筹兼顾、和谐共生、尊重规律、科学发展的智慧，体现了对自然万物及其生息发展规律的尊重，体现了对自然万物各率其性、各位其位、和睦和谐、共生共存状态的尊重和追求。

中庸是儒家哲学思想中道德行为的最高标准，也是一种思维方式，还是一种做人行事的基本智慧和方法。子曰："中庸之为德也，其至矣乎！民鲜久矣。"（《论语·雍也第六》）虽然《论语》仅此一处提及中庸，但孔子称之为"至德"，可见他对中庸思想的重视。

如何修德养性择乎中庸？《中庸》要求择善固执，自明诚尽物性，赞天地之化育；《大学》提出明明德止于至善，格致诚正修齐治平；王阳明提出"致良知知行合一"等等。儒学特别强调要立足于世俗生活，从自身出发，从身边平常的人和事入手修行德性。"君子素其位而行，不愿乎其外。素富贵，行乎富贵；素贫贱，行乎贫贱；素夷狄，行乎夷狄；素患难，行乎患难。君子无入而不自得焉。"（《中庸》）君子的行为总是基于现实情况，从当前所处的客观环境出发，而不脱离实际好高骛远。处于富贵的地位，就做富贵时应该做的事；处于贫贱的状况，就做贫贱时应该做的事；处于边远地区，就做在边远地区应该做的事；处于患难之中，就做在患难之中应该做的事。君子知天乐命，无论处于什么情况，都因地制宜、因时制宜地修德养性择乎中庸，充分努力地发展自己。

君子居以俟命，君子而时中。所以《中庸》开篇就说"天命之谓性，率性之谓道，修道之谓教"，而且，"道也者，不可须臾离也"。天命之"天"，是天然、自然、本然的意思，可以理解为特定的时空环境；"天命之谓性"，是说特定的时空环境赋予人和万物自然本性，这种本性又叫天性，无处不在、无时不有，一花一草、喜怒哀乐无不体现天性。"率性"，是说遵循天命之性、顺乎天命之理；"率性之谓道"，是说秉持人的本性，以平常心态顺乎本然天性做人行事，不受外界无常事务包括自身的私心妄念和喜怒哀乐情感左右，诚意、正心、理性、理智而不情绪化地做人行事，以求"天地位焉，万物育焉"、"万物并育而不相害，道并行而不相悖"的适度适宜、和谐相融的结果，这就是"入道"了。

"喜怒哀乐之未发，谓之中；发而皆中节，谓之和。中也者，天下之大本也；和也者，天下之达道也。""喜怒哀乐之未发"，就是情感处于本然的平静平和状态，不偏不倚、无过无不及，就叫做"中"；如果表现出来有节度，符合常理，恰到好处，就叫做"和"，即和谐不乖戾（如果表现出来偏激狭隘，就会失中不和，就可能影响甚至破坏原有的平衡和谐的环境或关系）。所以，修德养性择乎中庸要从中和情绪入手，对内修心，对外修行。修心，就是养心明性、顺乎本性，不受无常世事的影响，不管遇到什么情况都能平心静气、理智理性地对待，这才是抓住了修和教的根本。养性修中、明理率性，不偏不倚、恰到好处，则个体身心和谐，人己关系和谐，人与自然和谐，万事万物都得其所、位其位、行其事、尽其性，就是一种理想的和的境界。

"礼之用，和为贵，先王之道，斯为美，小大由之。"（《论语·学而第一》）明代方孝孺《夷齐》："圣人之道，中而已矣，尧、舜、禹三圣人为万世法，一'允执厥中'也。"贵和尚中、善解能容、厚德载物的宽容品格，是中华民族追求的一种文化理念；和谐精神是中国传统文化基本精神之一。不同于以强烈扩张为特征的海盗式文明，也不同于被强势海盗文明殖民化的奴役式文明，中华文明是一种"土地文明"，是靠着独立自主、自力更生、天人合一发展起来的"中和式"文明，中华文明求和合，致大同，追求"致中和，天地位焉，万物育焉"、"万物并育而不相害，道并行而不相悖"的和睦和谐的理想境界。

133. 大知闲闲，小知间间

【原文】大知闲闲,小知间间①。大言炎炎,小言詹詹②。其寐也魂交,其觉也形开③。与接为构,日以心斗④……喜怒哀乐,虑叹变蛰⑤,姚佚启态⑥。乐出虚,蒸成菌。⑦日夜相代乎前,而莫知其所萌⑧。已乎⑨,已乎！旦暮得此,其所由以生乎⑩！(《庄子·齐物论》)

【注释】①闲闲:广博豁达的样子。间间(jiàn):明察细别的样子。②炎炎:猛烈,指说话盛气凌人。詹詹(zhān):言语琐细,说个没完。③寐:睡眠。魂交:心神交错烦乱。觉:睡醒。形开:形体不得安宁。④与:交。接:接触,这里指与外界环境接触。构:交合。此句译为:与社会接触,钩心斗角。⑤虑:忧虑。叹:感叹。变:反复。蛰(zhé):同"蛰",忧惧的意思。⑥姚:同"佻",轻浮。佚(yì):奢华放纵。启:指放纵情欲而不知收敛。态:故作姿态,这里形容辩论者的各种行为的心理状态。⑦乐出虚:乐声从空虚的箫管中发出。乐,乐声。虚,中空的情态,用管状乐器中空的特点代指乐器本身。蒸成菌:地上的蒸气使菌类生长出来。⑧相代:相互更换与替代。萌:萌生。⑨已乎:算了吧。已,止,算了。⑩旦暮:昼夜,这里表示时间很短。此指上述对立、对应的各种情态形成发生的道理,犹如乐出于虚,菌出于气,一切都形成于"虚"、"无"。所由:产生的缘由。

*《庄子》又称《南华经》,是记载庄子及其后学言行的一部书。庄子的文章汪洋恣肆,想象丰富奇特。鲁迅曾评价《庄子》是"汪洋辟阖,仪态万方,晚周诸子之作,莫能先也"。

庄子继承和发展了老子的道家思想,后世将他与老子并称为"老庄",称他们的思想为"老庄思想"。

庄子认为"道"是天地万物的本体,是生养天地万物的根源,且无处不在,故人与天地万物从根本上是同根同源的,因此,"天地与我并生,而万物与我为一"。

庄子认为万物的表象千差万别,但本质是齐一的,这就是"齐物"。万物既是齐一的,则反映万物的思想言论也是齐一的,没有所谓的是非问题，这就是"齐物论"。

庄子指出千差万别的万物从根本上说都归结于"道"，人的自以为是导致了是非纷争，进入"天地与我并生，万物与我为一"的"无己"境界，可以安时处顺，逍遥自由。

【导读】有大智慧的人，只抓重点而豁达大度，悠闲自得；只有小才情的人，在微小处斤斤计较，不得全局。合乎大道的议论，如同日月一样光耀大地，让人一下清醒明白，心悦诚服；那些耍小聪明的言论，累赘繁杂，喋喋不休，却不知所云。这些人休息时思前想后，醒来后恐惧不安。接人待物勾连交合，整日里钩心斗角……他们欣喜、愤怒、悲哀、欢乐，他们忧思、叹惋、反复、恐惧，他们躁动轻浮、奢华放纵、情张欲狂、造姿作态。好像乐声从中空的乐管中发出，又像菌类由地气蒸腾而成。这种种情态日夜在面前相互对应地更换与替代，却不知道是怎么萌生的。算了吧，算了吧！一旦懂得这一切发生的道理，不就明白了这种种情态发生、形成的原因了么？

这是庄子《齐物论》里面的一段话，针对的是儒墨之争。庄子批评当时的儒家和墨家各执一端，无休止地口水战，却又没有系统地认识辩证对立统一规律。庄子认为，如果人不能摆脱世俗的束缚，即"其寐也魂交，其觉也形开"，其唯一后果就是"日以心斗"。各种费尽心机争论的情态，从本质上说都因为"虚"、"无"。

"齐物"的意思是，一切事物归根到底都是相同的，没有什么差别，也没有是非、美丑、善恶、贵贱之分。庄子认为世间万物都是平等的，人与动物是无差别的，正确与错误也是无差别的，一切事物都是这样。他认为，要达到无差别的精神自由之境，就必须超脱世俗观念的束缚，忘掉物我之别，忘掉是非之辩。

庄子主张人要活得"简单"，活出"自然"。"小知"者整日挖空心思，热衷于各种设计，有时还要蒙人骗人，总是心事重重，活得很累。所以要做"大知"者，遵循自然之理，活得简单而有意义，快乐而有价值。

134. 上善若水

【原文】上善若水①。水善利万物而不争，处众人之所恶，故几于道矣。②居善地③，心善渊④，与善仁⑤，言善信⑥，政善治⑦，事善能⑧，动善时⑨。夫唯不争，故无尤。⑩（《道德经·第八章》）

【注释】①上善：最高的德性。若：像，似。水：指水的本性。②善：善于。利：有利于。争：争功夺利。恶：厌恶（的地方）。几：接近。③居善地：居住要像水那样善于选择低下的地方。居善地，就是要守拙，谦逊。④心善渊：心灵要像水那样善于保持渊深宁静。心善渊，就是要心胸博大，"海纳百川"。⑤与善仁：待人接物要像水那样善于显示友善。与，指与别人相交接。⑥言善信：言语要像水那样清澈见底真实无妄。⑦政善治：要像水那样善于公正地处理政事。政善治，即公平处事。⑧事善能：做事要像水那样善于曲直随形地发挥才能。事善能，即坚韧有为。⑨动善时：行动要像水那样善于把握时机。动善时，就是要灵活而动。⑩夫唯……故：正因为……所以。尤：过失，灾难。

【导读】最高的德性，犹如水一样。水能够滋养万物，却不与之争利，被人们厌恶的地方，水都可以去到，所以，水表现出来的这种物质，接近于"道"了……

"逝者如斯夫，不舍昼夜"是孔子在水边的感慨。流动的水，遇到各种障碍，"先头部队"或消灭障碍或被撞得"粉身碎骨"，但都会不惜牺牲开辟道路；不管前面有多少艰难险阻，总是朝向自己的目标不停地流动奔腾，不舍昼夜，积极进取，不断努力。这是一种自我牺牲和自强不息的奋斗精神。

老子的感慨则是另外一番味道，他以水喻道，谈水论人，形象地反推出做一个"几于道"的人应该修何德、作何为。

利而不争。最高的德性如水一样滋养万物而不与之争名夺利，这种德性恰如利而不害的天之道。

低调守拙。善于处下是水与道最接近的品德和智慧。大家不喜欢的、又低又脏的地方，水汇集到那里把污浊洗净，然后在那里滋润万物。

但"江海所以能为百谷王者,以其善下之,故能为百谷王"(《道德经·第六十六章》)。

心胸博大。一个有格局的人,要有广阔的视野,宽阔的胸怀,能够容人、容事、容言,如大地般承载包容,用老子的话概括就是"心善渊"。

友善待人。有道的人与他人互动时,总以仁爱之心友善待人,绝不会伤害别人。友善得人心,凝心则聚力,聚力方能成事。

真诚守信。言顾行,行顾言,言语要发于内心,真诚无妄,要像潮水有信那样说能兑现的话,言必信,诺必诚。

公正公平。有道之人处事公正,为政公平。"公生明,廉生威",一个好的为政者,一定公平、公正、清廉;"廉则吏不敢慢,公则民不敢欺"。

坚韧有为。有道之人以任重道远的担当,百折不挠的意志,坚韧不拔地勤奋努力,曲直随形地发挥才能。不管什么时候、不论做什么事情,都随类化身,恪尽职守,非常认真地,让人放心、安心、舒心地做事。

随机而动。有道之人行动像水那样善于把握时机。水最善于随机而动,四时不同,形态各异:春则和风细雨,夏雨磅礴充沛,秋雨连绵不断,冬则滴水成冰。可呈涓涓细流,也能汹涌澎湃;能耐心地水滴石穿,也可以顷刻间翻江倒海。

《道德经·第七十八章》,"天下莫柔弱于水,而攻坚强者莫之能胜",说的是水的又一个智慧:柔弱胜刚强。天下没有什么东西比水更柔弱的,但也没有水战胜不了的"坚强"。外表柔弱善于示弱的水,内部却蕴含着强大的力量,水滴可致石穿。水善于守弱,但是关键时刻,水又具有强大的爆发力,"攻坚强者莫之能胜"。

135. 名正言顺

【原文】子路曰:"卫君①待子而为政,子将奚②先?"子曰:"必也正名③乎。"子路曰："有是哉？子之迂④也。奚其正？"子曰："野⑤哉！由也。君子于其所不知,盖阙⑥如也。名不正,则言不顺；言不顺,则事不成；事不成,则礼乐不兴；礼乐不兴,则刑罚不中⑦；刑罚不中,则民无所错手足,故君子名之必可言也,言之必可行也。君子于其言,无所苟⑧而已矣！"(《论语·子路第十三》)

【注释】①卫君：卫出公,名辄。卫灵公之孙。其父蒯聩被卫灵公驱逐出国,卫灵公死后,蒯辄继位。蒯聩要回国争夺君位,遭到蒯辄拒绝。孔子在这里对此事提出了自己的看法。②奚：什么。③正名：即正名分。④迂：迂腐。⑤野：粗鄙,鲁莽。⑥阙：同"缺",存疑的意思。⑦中：音 zhòng,得当。⑧苟：苟且,马马虎虎。

【导读】子路问孔子："看卫出公的样子,非常重视老师,假使他希望您出来从政,老师您看为政之道,第一个先做什么？"孔子说："假定有这个事儿,首先必须正名分。"子路说："正名有这样重要吗？老师,人家说您是个迂夫子,您想的太不合时宜了啊！名正不正有什么关系呢？"孔子说："仲由,真是鲁莽、胡扯。一个真有学问的君子,对一件事情不了解,应该采取存疑的态度而不乱下断语。名分不正,(为政)就无法顺当合理地发布施令；无法顺当合理地发布施令,政事就不容易成功；政事不容易成功,礼乐也就不能盛行；礼乐不能盛行,刑罚的执行就不会得当；刑罚不得当,百姓就不知道怎么做才好。所以,君子为政一定要确定一个令人信服的名分,必须能够顺当合理地发布施令,所发政令必须能够行得通。君子为政对于自己的语言,是从不马马虎虎对待的。"

　　孔子认为,为政首先要解决"正名"的问题。"正名"是孔子礼教思想的组成部分,礼作为一种最基本的政治秩序,是通过一系列"名"来表现的,天子、诸侯、大夫、士、庶民代表着社会中不同人群的等级和社会角色,每一角色的名下,都有其分内的职责和要求。"正名"的具体内容就是"正""君君、臣臣、父父、子子"的名分,包含做人做事要尽职尽责,恪尽职守,尽到自己的本分。"正"了名,也就明晰了其名下的职责与要求，"正名"还可以使他人从"思想"上、"内心"里认同、服从。"名正"才能"言顺"，思想问题解决了，才能发自内心地循礼而行。这在表面上看起来并不重要，其实影响非常深远。

成语"名正言顺"出于此。"名正言顺"也是与他人和谐相处的一个重要原则，如果你经常做事"师出无名"，就难免与人产生矛盾。

136. 师出有名

【原文】君王讨敝邑之罪①，又矜而赦之，师与有无名乎②？（《礼记·檀弓下》）

【注释】①敝邑（bì yì）：谦辞，称自己的国家。②师：军队。名：名义，引伸为理由。

【导读】您讨伐我们的罪过，又因同情而赦免我们，没有正当理由吗？

"臣闻顺德者昌，逆德者亡。兵出无名，事故不成。"（《汉书·高帝纪》）楚汉相争时，刘邦趁项羽北上攻打齐王田荣时，从陕西临晋渡过黄河收服了魏王豹，接着占领洛阳城。新城县董公遮说汉王曰："臣闻顺德者昌，逆德者亡。兵出无名，事故不成。"所以，建议刘邦找一个兵出有名的理由：项羽当年杀害义帝。然后举哀三天，各路诸侯纷纷响应刘邦，刘邦一举攻下楚国的都城彭城。

成语"师出有名"，原意是出兵有正当理由，也引申为做某事有正当理由。与之相对应的则是"师出无名"又称"兵出无名"。

137. 一曝十寒

【原文】孟子曰："虽①有天下易生之物也，一日暴②之，十日寒③之，未有能生者也。"（《孟子·告子上》）

【注释】①虽：即使。②暴（pù）：通"曝"，晒。③寒：冻。

【导读】孟子说："即使有天下最容易生长的植物，曝晒它一天，又冷冻它十天，没有能够生长的。"

物之生长如此，人之成长、事之成功也是如此。个人修身养性、立德立人、精进发展也罢，贯彻领导意图、执行上级政策也好，成就某项事业、做成某件大事也罢，都需要"一以贯之"地专心致志，"咬定青山不放松"地坚持，而不能"一曝十寒"、"三天打鱼，两天晒网"。"古人学问无遗力，少壮工夫老始成。纸上得来终觉浅，绝知此事要躬行。"（陆游《冬夜读书示子聿》）

成语"一曝十寒"比喻勤奋的时候少，懈怠的时候多，没有恒心。这样是不会成功的。

138. 功亏一篑

【原文】夙夜①罔或不勤，不矜细行②，终累③大德。为山九仞④，功亏一篑⑤。（《尚书·周书·旅獒》）

【注释】①夙夜：早晚。②矜：怜惜。细行：细小的行为。③累：损害。④仞：度量单位，八尺为一仞。⑤篑（kuì）：盛土的竹筐。

【导读】从早到晚，不能有不勤奋的时候，不顾惜小节方面的修养，到头来还是会损害大的德行。堆垒九仞高的土山，只差一筐土，还是不算完成。

"百发失一，不足谓善射；千里跬（kuǐ）步不至，不足谓善御；仁义不一，不足谓善学。"（《荀子·劝学》）射一百支箭，有一支没射中就不能叫善射；驾车行千里，而差半步不到，就不能叫善御；学者为学，而不能尽知其伦类，不能专一于仁义，就不能叫善学。

"善作者，不必善成；善始者，不必善终。""靡不有初，鲜克有终"、"一曝十寒"、"为山九仞，功亏一篑"这些词句都说明了一个道理：做成任何事，都需要有始有终，慎终如始，踏踏实实，持之以恒。

139. 宽严相济

【原文】郑子产有疾。谓子大叔曰："我死，子必为政。唯有德者能以宽服①民，其次莫如猛。夫火烈，民望而畏之，故鲜②死焉。水懦弱，民狎而玩之，则多死焉，故宽难。"疾数月而卒。

大叔为政，不忍猛而宽。郑国多盗，取人于萑苻之泽③。大叔悔之，曰："吾早从夫子，不及此。"兴徒兵以攻萑苻之盗，尽杀之，盗少止。

仲尼曰："善哉！政宽则民慢④，慢则纠之以猛。猛则民残，残则施之以宽。宽以济猛，猛以济宽，政是以和。(《左传·昭公二十年》)

【注释】①服：使…服从。②鲜：少。③取：同"聚"。萑苻(huán fú)之泽：芦苇丛生的水泽，代指强盗出没的地方。④慢：怠慢。

【导读】郑国的子产得了病。(他)对子大叔说："我死后，你必定主政。只有道德高尚的人能够用宽厚的政策使民众服从，其次没有比刚猛更有效的政策了。譬如烈火，民众看着就害怕它，所以很少有人被烧死；水柔弱，民众轻慢忽视它，就有很多人溺水而亡，所以实施宽厚政策比较难。"(子产)病数月后死去。

大叔执政，不忍心严厉而施行宽柔政策。郑国因此滋生很多盗贼，这些人不断地在其活动区域招集人手。大叔后悔了，说："我如果早听从子产夫子的话，就不会到此地步了。"于是发兵去攻击盗贼，将他们全部杀灭，盗贼才稍微被遏止。

孔子说："好啊！政策宽厚民众就怠慢，民众怠慢就用刚猛的政策来纠正。政策刚猛民众就受伤害，民众受伤害了就施予他们宽厚的政策。用宽大来调和严厉，用严厉来补充宽大，政治因此而调和。"

"宽则得众，敏则有功，众则说。"(《论语·尧曰第二十》)宽厚就会得到众人拥护，勤敏就会有功绩，公平就会使百姓高兴。

北宋林逋《省心录》中多有论及"宽"、"恕"："和以处众，宽以待下。恕以待人，君子人也。"意思是"与众人相处要和气，对待下级要宽容，要饶恕他人的过错，是君子做人的基本道理"。"律己是以服人，量宽是以得人，身先是以率人。"意思是"严格要求自己能服人，宽宏大量能得人心，自己带头能率领别人"。"诚无悔，恕无怨。和无仇，忍无辱。"意思是"诚实就不会有灾祸，宽容就不会有怨恨，和善就不会有仇敌，忍耐就不会有耻辱"。

　　宽，就是宽厚清明；猛，就是严厉峻苛。治国理政，甚至管理一个单位、一个部门，宽厚清明，则"其民淳淳"；严厉峻苛，则"其民缺缺"。宽则松，则有机可乘，过宽就会导致一些人投机钻空，造成混乱，影响和谐发展；猛则严，严则冷，冷则酷，固然能震慑投机者，但也可能导致民怨。所以，宽严相济、张弛有度，无过无不及，这才是值得追求的最好的"平衡工作法"。

140. 至察无徒

　　【原文】水至清则无鱼，人至察则无徒。(《礼记·子张问入官》)

　　【导读】水太清了，鱼就无法生存；对别人要求太严了，自己就没有伙伴。

　　"躬自厚而薄责于人，则远怨矣。"(《论语·卫灵公第十五》)严厉地责备自己而轻责备别人，就可以远离别人的怨恨了。

　　"不能容人者无亲，无亲者尽人。常宽容于物，不削于人，可谓至极。"(《庄子·杂篇》)不能容人的人没有人亲近他，没有亲近的人就等于被抛弃。对事物时常宽恕、容忍，对人不苛刻，可谓极致了。

　　"大德容下，大道容众。盖趋利而避害，此人心之常也，宜恕以安人心。故与其为渊驱鱼，不如施之以德，市之以恩。"(张居正《权谋残卷》)大的德行能够包容属下，大的道义能够容纳众人。趋利避害是人之常情，应该宽恕别人使人心安定。所以为了保持清明的政治而驱除犯错的人，不如对犯错的人施以德，用恩惠来收复他们。

　　"用人不宜刻，刻则思效者去。"(洪应明《菜根谭》)用人要宽厚而不可太刻薄，如果太刻薄，即使想为你效力的人，也会设法离去。

"尺有所短，寸有所长；物有所不足，智有所不明。"（屈原《卜居》）尺寸各有长处和短处，彼此都有可取之处；任何事物都有它的不足之处，再聪明的人也有不明白的时候。"事后而议人得失，吹毛索垢，不肯丝毫放宽，试思己当其局，未必能效彼万一。"（《格言联璧》）事后对人吹毛求疵，求全责备，这种人要是自己去干那件事，未必能赶上人家的万分之一。

"不责人小过，不发人阴私，不念人旧恶！三者可以养德，亦可以远害。""攻人之恶，勿太严，要思其堪受；教人之善，勿过高，当使其可从。"（洪应明《菜根谭》）批评人家的过失，不要过分的严厉，要考虑对方能够承受的程度；教人家做善事，也不要要求过高，要考虑对方能够做到，而不会感到有困难。

141. 毛羽未成，不可以高蜚

【原文】（苏秦）乃西至秦。秦孝公卒。说惠王曰："秦四塞之国①，被山带渭②，东有关河③，西有汉中，南有巴蜀，北有代马，此天府④也。以秦士民之众，兵法之教，可以吞天下，称帝而治。"秦王曰："毛羽未成，不可以高蜚⑤；文理⑥未明，不可以并兼。"《史记·苏秦列传》

【注释】①四塞之国：秦国四面有山关之固，形势险要，可为屏障，所以叫四塞之国。②被山带渭：谓秦国被群山所环抱，中有渭水流过。被，同"披"。带，带子，此指渭河流经、穿过的意思。③关：函谷关。河：黄河。④天府：地势险要，土地肥沃，物产丰富，自然条件优越的地方。府，府库，仓库。⑤蜚：同"飞"。⑥文理：指国家大政方针策略。文，礼乐制度。理，道理法则。

【导读】（苏秦）于是向西到了秦国。（这时候）秦孝公已经死了。（苏秦）就游说惠王说："秦是个四面山关险固的国家，为群山所环抱，渭水如带横流，东有关河，西有汉中，南有巴蜀，北有代马，这真是个险要、肥沃、丰饶的天然府库啊。凭着秦国众多的百姓，训练有素的士兵，足以用来吞并天下，建立帝业而统治四方。"秦惠王说："鸟儿的羽毛还没长丰满，不可能凌空飞翔；国家大政方针还不明确，不可能兼并天下。"

秦惠王是有作为的明君，不仅具有远大的抱负，而且有清醒的政治头脑。所以他没有被苏秦的花言巧语打动，坚持认为只有各种条件具备时，才能进行统一大业。做什么事都要从实际出发，绝不可以好高骛远、急功冒进、好大喜功，要懂得造势、借势，顺势而为，不打无准备之仗。有修养的人，怀着有用之才，就等着适当的时机。"君子藏器，待时而动。"（刘勰《文心雕龙·程器》）

142. 一鸣惊人

【原文】齐威王之时喜隐①，好为淫乐长夜之饮，沈湎②不治，委政卿大夫……淳于髡说之以隐曰："国中有大鸟，止王之庭，三年不蜚③又不鸣，王知此鸟何也？"王曰："此鸟不飞则已，一飞冲天；不鸣则已，一鸣惊人。"于是乃朝诸县令长七十二人，赏一人，诛一人，奋兵而出。诸侯振惊，皆还齐侵地。威行三十六年。（《史记·滑稽列传》）

【注释】①隐：有所暗指的话为"隐"。②沈湎：沉湎。③蜚：通"飞"。

【导读】齐威王在位时喜欢隐语，好做整夜恣意作乐喝酒的事，陷在里面不理朝政，把国事托付给卿大夫……淳于髡用隐语来劝说齐威王："国内有一只大鸟，栖息在大王的宫庭里，三年不飞也不鸣叫，大王可知道这鸟是为什么？"威王说："这鸟不飞则罢，一飞就直冲云天；不鸣叫则罢，一鸣叫就震惊世人。"于是上朝召集各县令县长七十二人，奖励了一个，处罚了一个，重振军威出战。诸侯国一时震惊，都归还了侵占齐国的土地。从此声威盛行三十六年。

成语"一鸣惊人"源于楚庄王励精图治、振兴楚国的故事，后世遂用"一鸣惊人、一鸣、一飞鸣、冲天翼、三年翼"等说明等待时机的重要性，也用来比喻有才华的人，平时默默无闻，一旦施展才华，就能做出惊人的业绩。

《韩非子·喻老》记载这件事说："楚庄王莅政三年，无令发，无政为也。右司马御座，而与王隐曰：'有鸟止南方之阜（土山），三年不翅，不飞不鸣，嘿然无声，此为何名？'王曰：'三年不翅，将以长羽翼；不飞不鸣，将以观民则。虽无飞，飞必冲天；虽无鸣，鸣必惊人。'"

楚庄王为春秋时楚国著名的贤君。他少年即位，朝政混乱，为稳住事态，他表面上三年不理朝政，实则暗地里在等待时机。

143. 因势利导

【原文】魏与赵攻韩，韩告急于齐。齐使田忌将而往，直走大梁。[①]魏将庞涓闻之，去韩而归，齐军既已过而西矣。[②]孙子谓田忌曰："彼三晋之兵，素悍勇而轻齐，齐号为怯[③]，善战者因其势[④]而利导[⑤]之。兵法，百里而趣利者蹶[⑥]上将，五十里而趣利者军半至……"（《史记·孙子吴起列传》）

【注释】①将：率兵。走：奔（进军）。大梁：魏国都城，今河南开封西北。②去：离开。西：向西进军。③齐号为怯：齐兵有胆怯的名声。④因：顺着。势：趋势，形势，时势。⑤利：有利的方面。导：引导。⑥蹶：摔倒，此处是"损失"义。

【导读】魏国和赵国联合攻打韩国，韩国向齐国告急。齐王派田忌率领军队前去救援，田忌率兵直奔魏都大梁。魏将庞涓听到这个消息，率师撤离韩国回魏，而齐军已经越过边界向西挺进了。孙膑对田忌说："那魏军向来凶悍勇猛，看不起齐兵，齐兵被称作胆小怯懦，善于指挥作战的将领，就要顺应着这样的趋势而加以引导。兵法上说：'用急行军走百里和敌人争利的，有可能折损上将军；用急行军走五十里和敌人争利的，可能有一半士兵掉队……'"

战场风云瞬息万变，善战者不仅要能够审时度势，因地、因时、因势、因人制宜，抓住时机，出奇制胜，必要时甚至可以"将在外君命有所不受"；而且还要善于造势用计，引导形势向着有利于己的方向发展。

成语"因势利导"源此，意思是顺着事情发展的趋势，向有利于实现己方目的方向加以引导。

144. 乘势而为

【原文】齐人有言曰："虽有智慧，不如乘①势；虽有镃基②，不如待③时。"（《孟子·公孙丑》）

【注释】①乘：依靠、凭借。②镃（zī）基：是当时的农具，一种大锄头。③待：等待。

【导读】齐国有谚语说："即使有智慧，也不如很好地运用形势；即使有好的农具，也不如等待农时再耕作。"

"势"，指客观事物或社会运动的发展趋势、发展方向、基本规律。"乘势"，就是对客观规律有目的主动运用。"乘势而为"不是冒险蛮干、急功近利，而是要在认真研究事物发展规律的基础上，充分发挥人的主观能动性，用好、用足自己的知识、能力和资源，乘势发挥，顺势而为。

"假舆马者，非利足也，而致千里；假舟楫者，非能水也，而绝江河。君子生非异也，善假于物也。"（《荀子·劝学》）

能够主动创造机会并乘势而为的人，最聪明；能够抓住时机乘势而为的人，很聪明；机会面前无动于衷坐失良机的人，可谓愚笨。当然，时机不成熟，又无法创造机会，但懂得等待时机而不胡乱作为的人，也是聪明人。

145. 一鼓作气

【原文】既克①，公问其故。对曰："夫②战，勇气也。一鼓作气，再而衰，三而竭。③彼竭我盈，故克之。"（《左传·曹刿论战》）

【注释】①既克：已经战胜。既，已经。②夫（fú）：放在句首，表示将发议论，没有实际意义。③一鼓作气：第一次击鼓能振作士气。作，振作。再：第二次。三：第三次。

【导读】战胜齐军以后，鲁庄公问曹刿这样做的原因（指战时庄公准备下令击鼓进军时，曹刿请鲁庄公等齐军三次击鼓后再下令击鼓进军）。曹刿回答说："打仗，凭的全是勇气。第一次击鼓，鼓足了士兵的勇气；第二次击鼓，士兵的勇气衰退了；第三次击鼓，士兵的勇气就耗尽了。（三次击鼓以后）齐军士气已经耗尽，而第一次击鼓的我军，士气正盛，所以战胜了他们。"

狭路相逢勇者胜，士气高低对战斗胜负的影响有多大，怎么强调都不为过。长勺之战，弱小的鲁国所以能获胜，原因之一就是抓住了战机进行关键一击。战争如此，做事也如此。曹刿论战"论"出的结论就是：一定要抓住士气最旺、势头最强、精神最好的时机，集中力量，顺势而为，势如破竹，势不可当，一口气地解决主要问题。

146. 业广惟勤

【原文】戒尔卿士，功崇惟志①，业广②惟勤。惟克③果断，乃罔④后艰。位不期骄，禄不期侈，恭俭惟德！无载尔伪，作德心逸日休；作伪心劳日拙。⑤居宠思危，罔不惟畏，弗畏入畏。推贤让能，庶官乃和，不和政庞⑥。举能其官，惟尔之能；称匪其人，惟尔不任。（《尚书·周书·周官》）

【注释】①崇：高。惟：由于，因为。②广：广大。③克：能。④罔：不，无，没有。⑤作：做，行。逸：安逸，清静。休：美好。此句意思是培养美德，心安神静，声誉会日趋美好；弄虚作假，费尽心机，境遇会越来越糟。⑥庞：庞，多而杂。

【导读】告诉你们各位卿士，功高由于有志，业大由于勤劳。能够果敢决断，就没有后来的艰难。居官不当骄傲，享禄不当奢侈，恭和俭是美德啊！不要行诈使伪，行德心逸而日美，作伪心劳而日拙。处于尊宠要想到危辱，没有什么事情是不应当敬畏的，不知敬畏就会进入可畏的境地。推举贤明礼让能者，众官就会和谐，众官不和政事就复杂了。推举能者在其官位，是你们的贤能，所举不是能者就是你们不能胜任。

周成王灭了淮夷回到王都丰邑时，和群臣一起总结周家（即周王朝）成就王业的经验，并向群臣说明周家设官分职用人的法则，这段话是周成王告诫他的"官君子"（各级官长）的。"有志"、"勤劳"、"决断"、"不骄不奢"、"谦恭节俭"、"真诚无伪"、"居安思危"、"谨慎敬畏"、"举贤任能"等等，至今仍有益于为官理政。

"民生在勤，勤则不匮。"（《左传·宣公十二年》）"勤能补拙是良训，一分辛苦一分才。"（华罗庚）"成功的花，人们只惊羡她现时的明艳！然而当初她的芽儿，浸透了奋斗的泪泉，洒遍了牺牲的血雨。"（冰心）勤能补拙，勤是立身之本。"功崇惟志，业广惟勤"，"功崇"、"业广"者必有志且付出了"勤"，欲成就事业，有"志"与有"勤"缺一不可。

147. 笄路蓝缕

【原文】 训之以若敖、蚡冒，笄路①蓝缕②，以启③山林。箴④之曰："民生在勤，勤则不匮。"（《左传·宣公十二年》）

【注释】 ①笄路（bì lù）：柴车。②蓝缕（lán lǚ）：破衣服。③启：开辟、开启、开垦。④箴（zhēn）：劝告，劝诫。

【导读】 楚国先君若敖、蚡冒曾经驾着简陋的车、穿着破烂的衣服去开辟山林的事迹告诫他们说："百姓的生存完全在于勤劳，只要勤劳就可以受用无穷。"

成语"笄路蓝缕"形容创业的艰苦。和"功崇惟志，业广惟勤"、"君子以自强不息"、"士不可以不弘毅"、"宝剑锋从磨砺出，梅花香自苦寒来"、"业精于勤，荒于嬉；行成于思；毁于随"、"人一能之，己百之；人十能之，己千之"等句一样，都是在强调"没有人可以随随便便成功"。

唐代黄檗禅师《上堂开示颂》诗云："尘劳迥脱事非常,紧把绳头做一场。不经一番寒彻骨,怎得梅花扑鼻香?"后两句常被人吟诵引用。

创业艰难百战多,成功从来需付出。不经过一番艰苦的奋斗,如何创造伟大的业绩?

148. 人一己百

【原文】人一能之,己百之;人十能之,己千之。果能此道矣,虽愚必明,虽柔必强。(《中庸》)

【导读】聪明人只用一分力气就能做到,我就用百分力气去做;别人用十分力气就能做到,我就用千分力气去做。只要有这种韧劲,哪怕开始迟钝一点,也会变得聪明;即使原本柔弱,也会变得强壮有力。

"勤能补拙",肯花大气力,勤奋能吃苦而且坚持不懈的人,即便"愚"也会变"明",即便"柔"也能变"强"。所以人不在于聪明或愚笨,"人一能之,己百之;人十能之,己千之"才是修身养性、成就事业的关键。

149. 功遂身退

【原文】持而盈之,不如其已;①揣而锐之②,不可长保。金玉满堂,莫之能守③;富贵而骄,自遗其咎。④功遂身退,天之道也。⑤(《道德经·第九章》)

【注释】①持:拿着(容器)。盈:满、溢。已:停止。②揣(chuí):同"锤",锤击。锐之:使之锐。锐,尖利。③莫:没有(人)。之:金玉满堂。守:保持。④骄:骄横,跋扈。咎:灾祸,惩罚。⑤遂:完成。身退:不居功贪位。天之道:普遍规律。

【导读】手拿着盛满水的容器,水总会流溢出来,不如及早放手。将工具锤打得十分尖利,一定很难长久保持尖利状态。金玉满堂,不可能长久保有;富贵骄横,自己会留下祸根。成功后谦让退避,是符合自然规律的道理。

老子主张不出风头、不争功夺利、功遂身退，其观点在《道德经》多个章节中有所体现。"万物作焉而不辞，生而弗有，为而弗恃，功成而弗居。夫唯弗居，是以不去。"（《道德经·第二章》）"悠兮，其贵言。"（《道德经·第十七章》）"道生之，德畜之，物形之，势成之。是以万物莫不遵道而贵德。道之尊，德之贵，夫莫之命而常自然也。故道生之，德畜之，长之育之，亭之毒之，养之覆之。"（《道德经·第五十一章》）"大道泛（泛，广泛）兮，其可左右。万物恃之以生而不辞，功成事遂而不有，衣养万物而不为主。常无欲，可名于小；万物归焉而弗为主，可名为大。以其终不自为大也，故能成其大。"（《道德经·第三十四章》）"圣人为而不恃，功成而不处。"（《道德经·第七十七章》）"天之道，利而不害；圣人之道，为而不争。"（《道德经·第八十一章》）"我有三宝，持而保之：一曰慈，二曰俭，三曰不敢为天下先。慈，故能勇；俭，故能广；不敢为天下先，故能成器长。"（《道德经·第六十七章》）"天长，地久。天地所以能长且久者，以其不自生也，故能长生。是以圣人后其身而身先，外其身而身存。非以其无私耶？故能成其私。"（《道德经·第七章》）等等。《道德经》不争功夺利的思想是一以贯之的。

不出风头、不争功夺利、功遂身退的观点，在"反者，道之动；弱者，道之用"（《道德经·第四十章》）和"曲则全，枉则直，洼则盈，敝则新，少则得，多则惑。是以圣人抱一为天下式。不自见，故明；不自是，故彰；不自伐，故有功；不自矜，故能长。夫唯不争，故天下莫能与之争"（《道德经·第二十二章》）等章节中，也可以得到印证理解。综合上述章节内容，其实是在说一个天道规律：任何事或物，都有阴阳或人我两面，阴阳相合、人我兼顾，凡事有度，适可而止。如此，则可"成器长"、"能成大"，可"曲则全"。

某种意义上说，老子的不出风头、不争功夺利、功遂身退的观点，也是一种"取中求和"的"中庸"之道，是一种"君子而时中"的中庸术。从这一点也可以看出中国传统文化"儒道相通"的特点。

150. 知人者智，自知者明

【原文】知人者智，自知者明。胜人者有力，自胜者强①。知足者富，强行者有志，不失其所者久，死而不亡者寿。(《道德经·第三十三章》)

【注释】①强：强健，即"自强不息"之强。

【导读】了解别人的人是有智慧的，了解自己的人是高明的。战胜别人的人是有力量的人，战胜自我的人是强者。能够知足而淡泊财物的人，是真正富有的人；能够自强不息的人，是有志气的人。不离失本分而顺其自然的人，才能够长久不衰；其身虽死而其道不灭的人，是真正的长寿。

在老子看来，知人、胜人十分重要，但自知、自胜更重要。冯达甫先生说："真正高明的人，不在知人，而在自知。"《韩非子·观行》："古之人目短于自见，故以镜观面；智短于自知，故以道正己。"清醒地认识自己，正确地对待自己，认真地把握自己，这才是最高明、最难能可贵的。

老子强调"自知者明"、"自胜者强"和"强行者有志"，与儒家的"内圣"才能"外王"相近，就是要人们加强自我内因的修为，克服人性的弱点，自知、自胜、知足、有志，成为生活中的强者。

151. 仓廪实而知礼节，衣食足而知荣辱

【原文】管仲既任政相①齐，以区区之齐在海滨，通货积财，富国强兵，与俗②同好恶。故其称曰③："仓廪实而知礼节，衣食足而知荣辱，上服度则六亲固④。四维不张⑤，国乃灭亡。下令如流水之原⑥，令顺民心。"故论卑⑦而易行。俗之所欲，因而予之；俗之所否，因而去⑧之。(《史记·管晏列传》)

【注释】①相：出任国相。②俗：指百姓。③其称曰：他自己称述说。以下引语是对《管子·牧民》篇有关论述的节录。④上：国君。也可以理解成居上位者。服：行，施行。度：节度，或特指礼度、制度。这里所谓"六亲"，不是王弼所云父、母、兄、弟、妻、子的"六亲"，一般理解为泛指亲戚、亲族。固：安固，稳固。⑤四维：《管子·牧民·四维》云："何谓四维？一曰礼，二曰义，三曰廉，四曰耻。"维，纲，即网上的总绳，此引申为纲要、原则。⑥原：通"源"，水的源头。⑦论卑：指政令平易符合下边的民情。⑧去：废除。

【导读】管仲出任齐相执政以后，凭借着小小的齐国在海滨的条件，流通货物，积聚财富，使得国富兵强，与百姓同好恶。所以，他在《管子》一书中称述说："仓库储备充实了，百姓才懂得礼节；衣食丰足了，百姓才能分辨荣辱；国君的作为合乎法度，'六亲'才会得以稳固，不提倡礼义廉耻，国家就会灭亡。国家下达政令就像流水的源头，顺着百姓的心意流下。"所以政令符合下情就容易推行。百姓想要得到的，就给他们；百姓所反对的，就替他们废除。

"仓廪实而知礼节，衣食足而知荣辱"道出了一个基本事实：人民生活富裕，府库财富充盈，礼仪就能得到发扬，政令就能畅通无阻。用现代的话说，物质文明、精神文明两手都要抓，两手都要硬，而物质文明显然是基础，治国理政的根本还是在富民强国。

152. 熙熙攘攘

【原文】谚曰："千金之子①，不死于市。"此非空言也。故曰："天下熙熙②，皆为利来；天下攘攘，皆为利往。"夫千乘之王③，万家之侯④，百室之君⑤，尚犹患贫，而况匹夫编户之民⑥乎。（《史记·货殖列传》）

【注释】①千金之子：指富家子弟。②"熙熙（xī xī）"和下文的"攘攘"：都是盛、多的意思。③千乘之王：大国国君，此泛指君王。乘，四匹马拉的战车，古以拥有"乘"的多少衡量国力强弱、国家大小。

④万家之侯：拥有万户封地的诸侯，此泛指诸侯。⑤百室之君：享有食邑几百户的封君，此泛指大夫。⑥编户之民：编入户口册的老百姓，此与"匹夫"同义，双词连用起强调作用。编户，又叫"编户齐民"，是历代中原王朝政府实行的户籍制度，以户为单位进行管理，叫做"编户"，所有人都是国君的臣民，是为"齐民"。先秦始作编户制度，西汉时"编户齐民"具有独立身份，更严格地按户管理，规定凡政府控制的户口（地主、自耕农、佣工、雇农等）都必须按姓名、年龄、籍贯、身份、相貌、财富情况等项目一一载入户籍。被正式编入政府户籍的平民百姓，称为"编户齐民"，对国家承担田租、人头税、徭役、兵役等义务。

【导读】谚语说："千金之家的子弟就不会因犯法而死于市井。"这并不是空话。所以说："天下之人，熙熙攘攘，为利而来，为利而往。"即使有千乘兵车的天子，有万家封地的诸侯，有百室封邑的大夫，尚且担心贫穷，何况编在户口册子上的普通百姓啊。

人的社会属性与生存需求和对更优质的生存的追求，决定了追名逐利是人之常情，犹如告子所说"食色性也"，这正当合理，无可厚非。但人的社会属性又决定了个体追名逐利的方式方法要能被大多数人接受，需要遵循一定的社会原则和坚守一定的道德底线，绝不可损人利己、损公肥私、见利忘义、唯利是图，同时也要避免因小失大，为了暂时的、个人的利益损害长远的、全局的利益。所谓"见利思义"、"临财毋苟得，临难毋苟免"、"君子爱财，取之有道"等等，说的就是这个意思。

153. 利令智昏

【原文】太史公曰：平原君，翩翩浊世①之佳公子也，然未睹大体②。鄙语曰"利令智昏"③，平原君贪冯亭邪说④，使赵陷长平兵四十余万众，邯郸几亡⑤……（《史记·平原君虞卿列传》）

【注释】①翩翩：形容举止洒脱，风采美好。浊世：乱世。②大体：

有关大局的道理。③鄙语：俗语。利令智昏：贪图私利使头脑发昏而丧失理智，不辨是非。④贪冯亭邪说：指前262年，秦伐韩，韩上党守冯亭因迫于上党道绝，愿归附赵。赵孝成王召平阳君、平原君计议，平阳君主张不受，平原君则谓："无故得一郡，受之便。"于是赵受上党，并封冯亭为华阳君。此后秦、赵交恶，前260年秦攻长平，赵军大败，四十余万士卒被秦将白起坑杀。⑤邯郸几亡：指赵国几乎灭亡，此以国都邯郸借代赵国。

【导读】太史公说：平原君，是个乱世之中风采翩翩有才气的公子，但是不能识大局。俗话说"贪图私利便丧失理智"，平原君相信冯亭的邪说，贪图他献出的上党地区，致使后来秦兵攻赵而赵兵败长平，四十多万赵军被坑杀，赵国几乎灭亡。

追名逐利人之常情，但不可利令智昏。"不以其道得之"，见利忘义或因小失大都不可取。"富与贵是人之所欲也，不以其道得之，不处也；贫与贱是人之所恶也，不以其道得之，不去也。君子去仁，恶乎成名？君子无终食之间违仁，造次必于是，颠沛必于是。"（《论语·里仁第四》）

154. 为大于细

【原文】图难于其易，为大于其细；天下难事，必作①于易；天下大事，必作于细。是以圣人终不为大②，故能成其大。夫轻诺③必寡信，多易④必多难。是以圣人犹难之，故终无难矣。⑤（《道德经·第六十三章》）

【注释】①作：兴起。②不为大：有道的人不自以为大。③诺：应许。④易：把事情看得容易。⑤犹：应作"尤"，尤其，更加。此句是说，世人之所甚易者，而圣人更难之，故终不难耳。

【导读】图谋艰难之事要从其简易处着手，欲为广大之事要从细小处做起。天下的难事都是从容易的时候发展起来的，天下的大事都是从细小的地方累积形成的。圣人做事不从求大入手，才能真正成就丰功伟业。轻易许诺肯定难以兑现而失信，把事情看得太容易肯定会遇到很多困难。因此圣人把事儿看得艰难一些，早做准备，所以最终不会艰难。

　　"君子之道，辟如行远必自迩，辟如登高必自卑。"（《中庸》）"夫可知之事，推精思之，虽大无难，不可知之事，厉心学问，虽小无宜。"（《论衡·实知》）西汉董仲舒云："夫览求微细于无端之处，诚知小之将为大也，微之将为著也，吉凶未行，圣人所独立也。""故圣人能系心于微，而致之著也。"（《春秋繁露·二端》）轻率作出承诺，必定很少能讲信用；做事总想着走捷径，一定会遇到很多困难。圣人治世，图难于易，求大于细。把可能遇到的困难考虑清楚，慎终如始，就可以"化难为易"；把事情看得太容易，麻痹大意，就可能致"多难"，就可能会有始无终。有始无终也是一种诚信的丢失，所以"言"别"轻诺"，"行"勿"多易"。

　　关于轻诺寡信，《管子·形势解》有云："小人不义亦诺，不可亦诺，言而必诺，故其诺未必信也。"随便许人，谓之轻诺。轻许者，必食言而寡信。

155. 君子爱财，取之有道

　　【原文】子曰："富与贵是人之所欲也，不以其道得之，不处也；①贫与贱是人之所恶也，不以其道得之，不去也②。君子去仁，恶乎成名③？君子无终食之间违仁，造次必于是，颠沛必于是。④"

　　子曰："放于利而行，多怨。⑤"（《论语·里仁第四》）

　　【注释】①道：正当的途径，合理的手段。处：接受。②去：摆脱。此句译为：不以正当的手段摆脱贫贱，就不摆脱它。③去：离开，抛弃。恶（wū）：如何。④违：违背，离开。造次：仓促，匆忙。颠沛：流离失所。⑤放（fǎng）：通"仿"，依据。怨：怨恨。利己害人，故多怨。

　　【导读】孔子说："金钱和地位，是每个人都向往的，但是，以不正当的手段得到它们，君子不享受。贫困和卑贱，是人们所厌恶的，但是，不通过正当的途径摆脱它们，君子是不会摆脱的。君子背离了仁的准则，怎么能够称为君子呢？君子不会有吃一顿饭的时间离开仁德，即使在匆忙紧迫的情况下也一定要遵守仁的准则，在颠沛流离的时候也和仁同在。"

孔子说："如果只是依据有利于己而行事，必然招致很多人怨恨。"

"宁可清贫，不可浊富。"（罗贯中《三遂平妖传》）子曰："富而可求也，虽执鞭之士，吾亦为之。如不可求，从吾所好。"（《论语·述而第七》）"如果富贵合乎道就可以去追求，虽然是给人执鞭的下等差事，我也愿意去做。如果富贵不合于道就不去追求，那就还是按我的爱好去干事。"孔子认为只要合乎道，富贵就可以去追求；不合乎道的富贵，就不去追求而去做自己喜欢做的事情。

子曰："饭疏食饮水，曲肱而枕之，乐亦在其中矣。不义而富且贵，于我如浮云。"（《论语·述而第七》）"吃粗粮，喝白水，弯着胳膊当枕头，乐趣也就在这中间了。用不正当的手段得来的富贵，对于我来讲就像是天上的浮云一样。"

"德者，本也；财者，末也。外本内末，争民施夺。是故财聚则民散，财散则民聚。是故言悖而出者亦悖而入，货悖而入者亦悖而出。"（《大学》）道德是根本，财富是枝末。假若轻根本而重枝末，那就会和老百姓争利而强行掠夺。所以君王聚敛财富，民心就会失散，君王散财于民，民心就会聚在一起。这正如说话背离道理，也会有背离道理的话回报；财货悖逆情理而来，也会悖逆情理失去。

"富与贵是人之所欲也"，求取富贵名利是人生正当的价值追求；但是，对于君子而言，求富取贵应当有道，摆脱贫困也应有道，这个道，就是仁义之道，它是君子安身立命的基础，"君子无终食之间违仁"。

"且夫天地之间，物各有主，苟非吾之所有，虽一毫而莫取。"（苏轼《赤壁赋》）"见利思义"、"见得思义"，这才是君子所为。

156. 岂曰无衣，与子同袍

【原文】岂曰无衣？与子同袍……岂曰无衣？与子同泽……岂曰无

衣？与子同裳……（《诗经·国风·秦风·无衣》）

【导读】谁说我没有军衣？与你共同穿战袍。谁说我没有军衣？与你共同穿内衣。谁说我没有军衣？与你共同穿下裳。

读这首诗，能感受到一种同仇敌忾的磅礴气势，能想像到万众一心齐上阵，同心协力克时艰的感人画面。新冠疫情期间的武汉、南京、扬州，大地震发生后的汶川，洪水突发的郑州，凡我中华大地，哪里有灾难，哪里就有"同袍"、"同泽"、"同裳"的故事，就有万众一心战时艰的磅礴气势。

这里的"衣"、"袍"、"泽"、"裳"，不必拘泥于具体的含义。

157. 利于人谓之巧

【原文】公输子削竹木以为鹊，成而飞之，三日不下，公输子自以为至巧①。子墨子谓公输子曰："子之为鹊也，不如匠之为车辖②。须臾刘三寸之木③，而任五十石④之重。故所为功⑤，利于人谓之巧，不利于人谓之拙。"（《墨子·鲁问》）

【注释】①至巧：最精巧。②辖：车轴两头的插销。③须臾：一会儿。刘：通"镂"，刻削。④石：古代以三十斤为一钧，以四钧为一石。⑤所为功：所做之事。功，通"工"。

【导读】公输班刻削竹木做了一个喜鹊，做成后让它飞翔，竟三天不落。公输班认为自己最巧。墨子对公输班说："你做喜鹊，不如我做辖木。我一会儿就刻削完三寸的木料，（把它安在车上）就能载五十石的重量。"因此所谓巧，就是对人有利叫做巧，对人不利叫做拙。

制作或发明一件东西，首先应该考虑其是否具有实用价值，是否能造福于大众。能造福于大众，可谓之"巧"，否则谓之"拙"。若只能被奸佞小人用于坑蒙拐骗甚至有害于人类，那应该谓之"害"。所以"德本技末"，先德后技，要以道驭术。一个掌握知识技能并使之"利于人"的厚德之人，于人是善，于己是福；一个薄德之人，只知取巧贪利，以技谋私甚至祸害他人，则于人是害、于己是祸了。

当然，对待科技创新，既不能太过功利，也不能只看眼前，而要以舍得的心态、长远的眼光，积极鼓励奖掖，同时包容失误、允许失败。

158. 过而不改，是谓过

【原文】过而不改，是①谓过矣。(《论语·卫灵公第十五》)

【注释】①是：此，指"过而不改"。

【导读】有了过错而不改正，这是真叫错了。

"人非圣贤，孰能无过？"一个正常做事的人，有过是正常的，无过则属反常，关键是我们如何对待所犯之"过"。

孔子提倡"改过迁善"。子贡曰："君子之过也，如日月之食焉：过也，人皆见之；更也，人皆仰之。"(《论语·子张第十九》)

《左传》云："人谁无过？过而能改，善莫大焉。"意思是，谁能不犯错误呢？犯了错误而能改正，没有比这更好、更大的事情了。

《易经》云："君子以见善则迁，有过则改。"意思是，君子因此看见善人善事善行就毫不犹豫地倾心向往、努力学习，有了过错就迅速改正。

"小人之过也必文。"(《论语·子张第十九》)小人耻有过误而更以言辞文饰之，欲人不觉，其非弥甚，故"遂成大非"也。

虽然说人人都可能犯错，但绝不可对所犯之错不以为意，更不可文过饰非。处理和改正过失，心态要正，决心要大。首先要有闻过则喜的心态，虚心接受批评，体现出一种博大的胸怀和优良的个人修养。"子路，人告之以有过，则喜。禹闻善言，则拜。"(《孟子·公孙丑上》)其次要保持见过自讼的勇气。犯了过错，要能自我反省找出错误的根源，敢于、勇于自我批评，"过，则勿惮改"(《论语·学而第一》)。其三，要有坚守知过必改的决心。孔子提倡有过就改，"不善不能改，是吾忧也"(《论语·述而第七》)。"过而不改，是谓过也。"(《论语·卫灵公第十五》）相反，对待别人的错误，孔子主张既往不咎，宽容地予以谅解，即"无攻人之恶"。

《了凡四训》有云："改过者，第一要发耻心，第二要发畏心，第三须发勇心。"

编　后

　　本书在译注或导读传统句段时参阅借鉴了一些图书、网站刊载的文章和一些大学公开课，并紧密结合自己的教学思考、读书体会和学习心得。一些说法是我们学习思考所得，有些则是受到参阅文章或课程的启发，个别地方甚至间接引用了业内人士的分析。由于诸多原因，未能一一标注出处或与作者（授课者）取得联系，在此谨致歉意，敬请原宥。如有不同意见，请有关作者与我们联系、商榷。

附　录

附一：德业修养导图

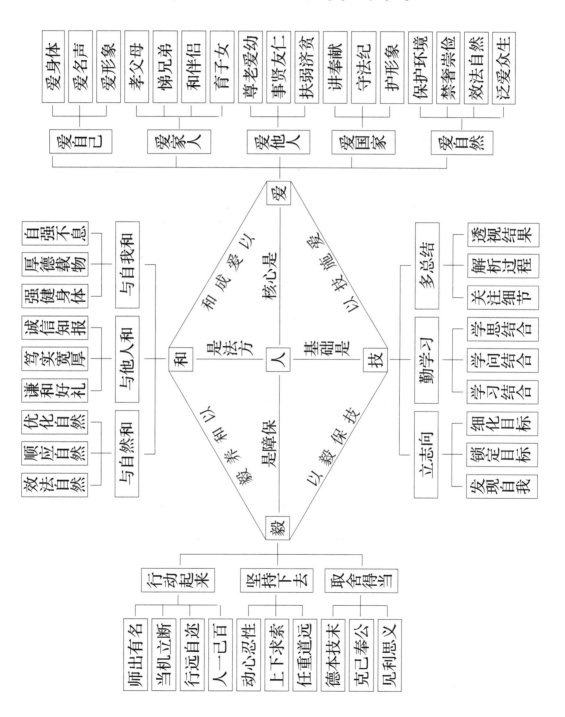

附二：国学知识自测题

题一

一、国学常识填空

1.《论语》是 _____ 的经典著作之一，由孔子的弟子及再传弟子编撰而成。它记录了 _____。《论语》共二十篇。与 _____、_____、_____ 并称"四书"。

2. 孔子（公元前551—公元前479），相传他有弟子三千，贤者七十二人。孔子被后世统治者尊为"_____"，战国时期儒家代表人物孟子与孔子并称"_____"。

3. 桑梓：_____   4. 桃李：_____

5. 社稷、轩辕：_____   6. 烽烟：_____

7. 巾帼：_____   8. 须眉：_____

二、选择题

1."己所不欲，勿施于人"出自（　　　）

A.《孟子》　　　B.《易经》　　　C.《论语》　　　D.《中庸》

2. 科举制在中国影响深远，乡试录取者称为"举人"，会试录取者称为"贡士"，那么殿试录取者称为（　　　）

A."大元"　　　B."解元"　　　C."进士"　　　D."榜眼"

3. 先秦时代，教育内容以"六艺"为主，下列不属于"六艺"的是（　　　）

A. 射　　　B. 御　　　C. 礼　　　D. 武

4.中国的书院制度自唐代始，有官方和私人设置的两类，下列各书院属于官方创办的是（　　　）

A.岳麓书院　　　　　B.嵩阳书院

C.集贤书院　　　　　D.白鹿洞书院

5.郑谷有诗曰："何事文星与酒星，一时钟在李先生。高吟大醉三千百，留着人间伴月明。"诗中的李先生指的是（　　　）

A.李商隐　　　B.李贺　　　C.李白　　　D.李煜

6.南宋时期出现了中兴四大诗人，其中陆游声名最著，下列各诗句不是陆游所作的是（　　　）

A.塞上长城空自许，镜中衰鬓已先斑。

B.山重水复疑无路，柳暗花明又一村。

C.折腰曾愧五斗米，负郭元无三顷田。

三、诗歌鉴赏

阅读下面诗歌，完成各题

————————

李煜

帘外雨潺潺，春意阑珊，罗衾不耐五更寒。梦里不知身是客，一晌贪欢。

独自莫凭栏，无限江山，别时容易见时难。流水落花春去也，天上人间。

1.词，又名＿＿＿＿＿＿＿＿＿。

这首词的词牌名是（　　　）

A.江城子　　B.蝶恋花　　C.浪淘沙　　D.如梦令

2.对这首词的解说，错误的一项是（　　　）

A."春意阑珊"表面是指春意凋残，实际上表达逝者如斯、时不再来的慨叹。

B."五更寒"既指自然气候的寒冷，也比喻作者内心的凄凉悲哀。

C. "梦里不知身是客"，表面是写梦境，实际是写梦醒后的情况。只有梦醒，诗人才知道自己客人的身份。

D. "无限江山"和作者另一首词的词句"四十年来家国，三千里地山河"所指的地方一样，都是南唐山川。

3. 赏析"帘外雨潺潺，春意阑珊"对表情达意的作用。

四、文言文阅读

（一）阅读《论语》中的几段文字，然后回答问题。

子贡问政。子曰："足食，足兵，民信之矣。"

季康子问政于孔子曰："如杀无道，以就有道，何如？"孔子对曰："子为政，焉用杀？子欲善而民善矣。君子之德风，小人之德草。草上之风，必偃。"

齐景公问政于孔子。孔子对曰："君君，臣臣，父父，子子。"

1. 同是"问政"，孔子的回答却不相同。从这些不同回答中体现出孔子怎样的治国思想？

2.面对同样的问题，孔子为什么分别作了不同的回答？请说说你的理解。

（二）阅读《论语》中的几段文字，然后回答问题。

季氏将伐颛臾……

……

冉有曰："今夫颛臾，固而近于费。今不取，后世必为子孙忧。"

孔子曰："求！君子疾夫舍曰欲之而必为之辞。丘也闻有国有家者，不患寡而患不均，不患贫而患不安。盖均无贫，和无寡，安无倾。夫如是，故远人不服，则修文德以来之。既来之，则安之。今由与求也相夫子，远人不服而不能来也，邦分崩离析而不能守也，而谋动干戈于邦内。吾恐季孙之忧，不在颛臾，而在萧墙之内也。"

选文中画线词语"均无贫"中的"均"与中国历史上农民起义的口号"等贵贱，均贫富"的"均"意思是否一样？为什么？

（三）阅读《论语》中的两段文字，回答下面的问题。

齐景公问政于孔子。孔子对曰："君君，臣臣，父父，子子。"公曰："善哉！信如君不君，臣不臣，父不父，子不子，虽有粟，吾得而食诸？"

有子曰："其为人也孝弟，而好犯上者，鲜矣；不好犯上，而好作乱者，未之有也。君子务本，本立而道生。孝弟也者，其为仁之本与！"

1. 齐景公说"虽有粟，吾得而食诸"，你认为齐景公真正理解孔子的话了吗？

2. 为什么说"孝弟也者，其为仁之本与"？

（四）阅读下文，完成练习。

始皇既没，余威震于殊俗。然陈涉瓮牖绳枢之子，氓隶之人，而迁徙之徒也；才能不及中人，非有仲尼、墨翟之贤，陶朱、猗顿之富；蹑足行伍之间，而倔起阡陌之中，率疲弊之卒，将数百之众，转而攻秦；斩木为兵，揭竿为旗，天下云集响应，赢粮而景从。山东豪俊遂并起而亡秦族矣。

且夫天下非小弱也，雍州之地，崤函之固，自若也。陈涉之位，非尊于齐、楚、燕、赵、韩、魏、宋、卫、中山之君也；锄櫌棘矜，非铦于钩戟长铩也；谪戍之众，非抗于九国之师也；深谋远虑，行军用兵之道，非及乡时之士也。然而成败异变，功业相反，何也？试使山东之国与陈涉度长絜大，比权量力，则不可同年而语矣。然秦以区区之地，致万乘之势，序八州而朝同列，百有余年矣；然后以六合为家，崤函为宫；一夫作难而七庙隳，身死人手，为天下笑者，何也？仁义不施而攻守之势异也。

1. 这两段文字节选自《过秦论》上中下三篇中的上篇，着重叙述_____，指出"_____"是秦王朝迅速灭亡的原因。本语段最突出的写作手法是_____。

2. 解释下列加点的词。

（1）且夫天下非小弱也（　　　　　　）

（2）非抗于九国之师也（　　　　　　）

（3）非及乡时之士也（　　　　　）

（4）赢粮而景从（　　　　　）

3. 选出下列各句中加点的词的意义和用法相同的一项是（　　　）

A. 且夫天下非小弱也　　一夫作难而七庙隳

B. 致万乘之势　　不爱珍宝肥饶之地，以致天下之士

C. 然后以六合为家　　斩木为兵，揭竿为旗

D. 序八州而朝同列　　强国请服，弱国入朝

4. 下列加点字用法与其他三项不同的是（　　　）

A. 天下云集响应　　　　　　　　　　B. 瓮牖绳枢

C. 有席卷天下囊括四海之意　　D. 南取汉中，西举巴蜀

5. 选出下列句中加点词属古今异义的一项是（　　　）

A. 然而成败异变，功业相反也　　　　B. 且夫天下非小弱也

C. 然秦以区区之地　　D. 试使山东之国与陈涉度长絜大

6. 请概括作者从哪几方面将陈涉与九国之师作比较。

7. 翻译下面句子。

一夫作难而七庙隳，身死人手，为天下笑者，何也？

8.下列对选文第二段的分析不符合文意的一项是（　　）

A."且夫"一句，写秦朝江山依旧，险关如故。照应文章第一段，说明秦非亡于地理形势的变化。

B."仁义不施而攻守之势异也"是全文的中心，作者用以劝说后代统治者施行仁义以安民。

C.本段是在前文铺叙基础上的集中议论，大量的史实使作者的论点水到渠成。

D.对比论证是本段的鲜明特色，陈胜与山东六国进行对比，说明比陈胜强大的山东六国未能战胜秦国的原因以及秦亡于陈胜首倡的起义均在于他们不施行仁义。

（五）阅读下文，回答问题。

苏秦者，东周洛阳人也。东事师于齐，而习之于鬼谷先生。出游数岁，大困而归。兄弟嫂妹妻妾窃皆笑之，曰："周人之俗，治产业，力工商，逐什二以为务。今子释本而事口舌，困，不亦宜乎！"苏秦闻之而惭，自伤，乃闭室不出，出其书遍观之。曰："夫士业已屈首受书，而不能以取尊荣，虽多亦奚以为！"于是得周书《阴符》，伏而读之。期年，以出揣摩，曰："此可以说当世之君矣。"求说周显王。显王左右素习知苏秦，皆少之，弗信。

于是六国从合而并力焉。苏秦为从约长，并相六国。北报赵王，乃行过洛阳，车骑辎重，诸侯各发使送之甚众，疑于王者。周显王闻之恐惧，除道，使人郊劳。苏秦之昆弟妻嫂侧目不敢仰视，俯伏侍取食。苏秦笑谓其嫂曰："何前倨而后恭也？"嫂委蛇蒲服，以面掩地而谢曰："见季子位高金多也。"苏秦喟然叹曰："此一人之身，富贵则亲戚畏惧之，贫贱则轻易之，况众人乎！且使我有洛阳负郭田二顷，吾岂能佩六国相印乎！"于是散千金以赐宗族朋友。初，苏秦之燕，贷人百钱为资，及得富贵，以百金偿之。遍报诸所尝见德者。其从者有一人独未得报，乃前自言。苏秦曰："我非忘子。子之与我至燕，再三欲去我易水之上，方是时，我困，故望子深，是以后子，子今亦得矣。"

齐宣王卒，湣王即位，说湣王厚葬以明孝，高宫室大苑囿以明得意，欲破敝齐而为燕。燕易王卒，燕哙立为王。其后齐大夫多与苏秦争宠者，而使人刺苏秦，不死，殊而走。齐王使人求贼，不得。苏秦且死乃谓齐王曰臣即死车裂臣以徇于市曰苏秦为燕作乱于齐如此则臣之贼必得矣。于是如其言，而杀苏秦者果自出，齐王因而诛之。燕闻之曰："甚矣，齐之为苏生报仇也！"

太史公曰：苏秦兄弟三人，皆游说诸侯以显名，其术长于权变。而苏秦被反间以死，天下共笑之，讳学其术。夫苏秦起闾阎，连六国从亲，此其智有过人者。吾故列其行事，次其时序，毋令独蒙恶声焉。

（选自《史记·苏秦列传》）

1. 解释加点字。

（1）皆少之（　　　　）

（2）以面掩地而谢曰（　　　　）

（3）我有洛阳负郭田二顷（　　　　）

（4）贷人百钱为资（　　　　）

2. 下列对文中加点词语的相关内容的解说，不正确的一项是（　　　）

A. 士，先秦时最低级的贵族阶层，也是古代四民（士、农、工、商）之一。春秋时，士大多为卿大夫的家臣；战国以后，逐渐成为统治阶级中知识分子的通称。

B. 从，即"纵"，合纵，战国时期纵横家所宣扬推行的外交和军事政策，就是南北纵列的国家联合起来，共同对付强国，该政策的代表人物是苏秦、张仪。

C. 宣王，是战国齐国国君田辟疆谥号。谥号是古代君主、诸侯等具有一定地位的人死后，根据他们的生平事迹与品德修养，而给予的一个带有评价性质的称号。

D. 闾阎，指里巷内外的门或里巷，在"夫苏秦起闾阎"中意思是民间。唐代王勃《滕王阁序》里"闾阎扑地，钟鸣鼎食之家"一句中，间阁代指房屋。

3. 下列对文中画波浪线部分的断句,正确的一项是( )

A.苏秦且死 / 乃谓齐王曰 / 臣即死车裂 / 臣以徇于市 / 曰苏秦为燕作乱于齐 / 如此则臣之贼必得矣

B.苏秦且死乃谓 / 齐王曰 / 臣即死 / 车裂臣以徇于市 / 曰苏秦为燕作乱 / 于齐如此则臣之贼必得矣

C.苏秦且死 / 乃谓齐王曰 / 臣即死 / 车裂臣以徇于市 / 曰苏秦为燕作乱于齐 / 如此则臣之贼必得矣

D.苏秦且死乃谓 / 齐王曰 / 臣即死 / 车裂臣以徇于市 / 曰苏秦为燕作乱 / 于齐如此则臣之贼必得矣

4. 把文中画横线的句子翻译成现代汉语。

方是时,我困,故望子深,是以后子,子今亦得矣。

5. 根据文章内容,分析苏秦人物形象。

题二

一、国学知识填空

1. 婵娟、嫦娥:_____ 2. 汗青:_____

3. 伉俪:_____ 4. 伛偻、黄发:_____

5. 提携、垂髫:_____ 6. 庙堂:_____

7. "四书":《_____》《中庸》《大学》《_____》。

8. "五经":《诗经》《尚书》《礼记》《周易》《_____》。

9. 汉字六书：_____、指事、_____、会意、转注、假借。

10. 唐宋古文八大家：韩愈、_____、苏轼、苏洵、苏辙、_____、_____、曾巩。

11. 中秋节：八月十五，_____，思乡。

12. 重阳节：_____，登高，插茱萸免灾。

13. 而立之年：指_____岁。

14. 及笄：指_____岁。

15. 加冠：指男子二十岁：_____（又称"_____"）。

16. 不惑之年：指_____岁。

17. 花甲之年：指_____岁。

18. 古稀之年：指_____岁。

19. 耄耋之年：指_____岁。

20. 期颐之年：指_____岁。

二、选择题

1. 魏晋多名士，有著名的竹林七贤，《与山巨源绝交书》是竹林七贤中的谁写给山涛的？（　　　）

A. 阮籍　　　B. 嵇康　　　C. 刘伶　　　D. 向秀

2. "生当做人杰，死亦为鬼雄。至今思项羽，不肯过江东。"为哪位诗人的作品？（　　　）

A. 李白　　　B. 杜甫　　　C. 李商隐　　　D. 李清照

3. "豆蔻"是指（　　　）岁。

A. 十三　　　B. 十五　　　C. 十八　　　D. 二十

4. 友谊的深浅，由下列哪一个成语可以看出情义最为深重？（　　　）

A. 莫逆之交　　　　　　　B. 金兰之交

C. 刎颈之交　　　　　　　D. 点头之交

5. 鲁迅先生称（　　　）为"史家之绝唱，无韵之离骚"。

A.《史记》 B.《汉书》 C.《三国志》 D.《资治通鉴》

三、诗歌鉴赏

（一）阅读下文，完成下面各题。

齐物二首

白居易

青松高百尺，绿蕙低数寸。

同生大块间，长短各有分。

长者不可退，短者不可进。

若用此理推，穷通两无闷。

椿寿八千春，槿花不经宿。

中间复何有，冉冉孤生竹。

竹身三年老，竹色四时绿。

虽谢椿有余，犹胜槿不足。

1. 本诗题目来源于哪一家的思想？（　　　）

A.墨家　　　　B.道家　　　　C.儒家　　　　D.法家

2. 对两首诗理解不恰当的一项是（　　　）

A."绿蕙低数寸"的意思是绿蕙高度比青松矮了数寸。

B."同生大块间"的"大块"是天地宇宙自然的意思。

C."冉冉孤生竹"的"冉冉"表现了竹叶的柔弱下垂。

D."虽谢椿有余"的意思是竹树虽然比不上椿树长寿。

3. 两首诗虽然都题为"齐物"，但是两首诗歌所表现的道理并不完全一样，请结合内容简要分析。

（二）阅读下面的作品，完成第4—6题。

晚春严少尹与诸公见过

王维

松菊荒三径，图书共五车。

烹葵邀上客，看竹到贫家。

鹊乳先春草，莺啼过落花。

自怜黄发暮，一倍惜年华。

4.这首律诗共有几联对仗？回答正确的一项是（　　　）

A.一联　　　　B.两联　　　　C.三联　　　　D.四联

5.对本诗分析不正确的一项是（　　　）

A.首联用典贴切，反映了诗人的精神追求。

B.颔联流露出诗人因家贫待客不周的歉意。

C.全诗将写景、叙事、抒情三者融为一体。

D.全诗的语言清晰流畅，不见雕琢的痕迹。

6.赏析"莺啼过落花"中"过"字的表达效果。

四、文言文阅读

阅读下文，完成下面各题。

定公八年，公山不狃不得意于季氏，因阳虎为乱，欲废三桓之適，更立其庶孽阳虎素所善者，遂执季桓子。桓子诈之，得脱。定公九年，阳虎不胜，奔于齐。是时孔子年五十。

公山不狃以费畔季氏，使人召孔子。孔子循道弥久，温温无所试，莫能己用，曰："盖周文、武起丰、镐而王，今费虽小，傥庶几乎！"欲往。子路不说，止孔子。孔子曰："夫召我者岂徒哉？如用我，其为东周乎！"然亦卒不行。

其后定公以孔子为中都宰，一年，四方皆则之。由中都宰为司空，由司空为大司寇。

定公十年春，及齐平。夏，齐大夫黎鉏言于景公曰："鲁用孔丘，其势危齐。"乃使使告鲁为好会，会于夹谷。鲁定公且以乘车好往。孔子摄相事，曰："臣闻有文事者必有武备，有武事者必有文备。古者诸侯出疆，必具官以从。请具左右司马。"定公曰："诺。"具左右司马。会齐侯夹谷，为坛位，土阶三等，以会遇之礼相见，揖让而登。献酬之礼毕，齐有司趋而进曰："请奏四方之乐。"景公曰："诺。"于是旍旄羽被矛戟剑拨鼓噪而至。孔子趋而进，历阶而登，不尽一等，举袂而言曰："吾两君为好会，夷狄之乐。何为于此！请命有司！"有司却之，不去，则左右视晏子与景公。景公心怍，麾而去之。有顷，齐有司趋而进曰："请奏宫中之乐。"景公曰："诺。"优倡侏儒为戏而前。孔子趋而进，历阶而登，不尽一等，曰："匹夫而营惑诸侯者罪当诛！请命有司！"有司加法焉，手足异处。景公惧而动，知义不若，归而大恐，告其群臣曰："鲁以君子之道辅其君而子独以夷狄之道教寡人使得罪于鲁君为之奈何？"有司进对曰："君子有过则谢以质，小人有过则谢以文。君若悼之，则谢以质。"于是齐侯乃归所侵鲁之郓、汶阳、龟阴之田以谢过。

（节选自《史记·孔子世家》）

1.写出下列加点词在句中的意思。

（1）四方皆则之（　　　　　　）（2）孔子摄相事（　　　　　　）

2.为下列句中加点词选择释义正确的一项。

（1）更立其庶孽阳虎素所善者（　　　）

A.改　　　　B.再　　　　C.又　　　　D.新

（2）及齐平（　　　）

A.平等　　　B.平定　　　C.和好　　　D.平衡

3.把第④段画横线句子译成现代汉语。

有司进对曰："君子有过则谢以质，小人有过则谢以文。君若悼之，则谢以质。"

4. 第④段画波浪线部分有三处需加句读，请用"/"把这三处标识出来。

5. 第④段用语言描写刻画孔子形象很有表现力，请结合内容具体加以赏析。

题一答案

一、国学常识填空

1.《论语》是 儒家 的经典著作之一，由孔子的弟子及再传弟子编撰而成。它记录了孔子及弟子的言行。《论语》共二十篇。与《孟子》《大学》《中庸》并称"四书"。

2. 孔子（公元前551—公元前479），相传他有弟子三千，贤者七十二人。孔子被后世统治者尊为"孔圣人"，战国时期儒家代表人物孟子与孔子并称"孔孟"。

3. 桑梓：家乡

4. 桃李：学生

5. 社稷、轩辕：国家

6. 烽烟：战争

7. 巾帼：<u>妇女</u>

8. 须眉：<u>男子</u>

二、选择题

1. C   2. C   3. D   4. C   5. C   6. C

三、诗歌鉴赏

1. 诗余（长短句，曲子词）   C

2. C

3. "帘外雨潺潺"：以声衬静，传达出词人亡国后的孤寂之感，以雨声潺潺写出词人内心愁绪纷扰，以春雨之寒衬托词人内心悲凉。

"春意阑珊"：白描手法，粗线条的景物勾画，营造深沉意境，传达丰富的内心活动。

四、文言文阅读

（一）1. 取信于民，为政以德，讲究礼节。（回答其中任何两个即可。）

2. 因为"问政"的对象不同。子贡是孔子的学生，尚未入仕参政，需要告诉他立国的必备条件；而季康子是大权在握的重臣，且有"暴政"倾向，因而孔子希望他能"为政以德"；齐景公是一国之君，故孔子提醒他要讲究礼节秩序。

（二）不一样。农民起义的口号"均贫富"，是站在穷人的立场提出的重新分配社会财富的纲领；"均无贫"则是站在贵族统治者的立场提出的调和阶级矛盾的主张。"均贫富"是要劫富济贫，而强烈主张维护等级制度的孔子是不可能有这种思想的。孔子要人们严守礼制，各得与名分相应规格的财富，安于等级名分，不可互相侵夺，符合"君君，臣臣，父父，子子"的思想。

（三）1. 齐景公的结论只关心生活中的"吾"，只关心"吾食之"，并且是一个反问句，与孔子君臣父子天伦人伦关系的理解实在有天壤之别。

2. 因为我们的生命是父母给的，没有父母就没有我们，他们给了我们人间第一爱。因此，一个人连父母都不爱、都不孝敬，就失去了对这个世界的爱的根本了。乌鸦尚知反哺，更何况人呢？

（四）1.秦王朝灭亡的主要原因，"仁义不施而攻守之势异也"对比

2.（1）（变小变弱）　（2）（匹敌、相当）

（3）（先前，从前）　（4）（同"影"，像影子一样）

3. C（A.虚词/男子　　B.获得/招纳

C.作为　　　　　D.使……朝拜/朝廷）

4. B　A.（像云一样）　　B.（用破瓮做）

C.（像席一样）　　　　D.（向西）

5. D

6.领导者的地位，兵器装备，军队的能力，行军用兵之道。

7.陈涉一人起义国家就灭亡了，秦王子婴死在别人（项羽）手里，被天下人耻笑，这是为什么呢？

8. B

（五）1.（1）看不起　（2）道歉、认错　（3）倚仗、凭借　（4）借

2. B　原因：有两派，合纵派"合众弱以攻一强"，连横派"事一强以攻众弱"。

3. C

4.那时，我正困窘不堪，所以我深深地怨恨您，因此把您放在最后，您现在也可以得到赏赐了。

5.①苏秦知耻后勇。他早年失意，面对家人的嘲讽，暗自惭愧伤感，就闭门不出，博览群书。用一整年的功夫，悉求周书《阴符》真谛，最终成为了六国的国相。②苏秦知恩图报。富贵后，他不仅散发了千金赏赐给亲戚朋友，还厚赏借钱给自己做路费的那个人，并且报答了以前所有对他有恩德的人。③苏秦足智多谋。为了找出刺杀自己的凶手，他故意让齐王宣称车裂自己，而凶手也果然中计而出。

参考译文：

苏秦是东周洛阳人，向东到齐国拜师求学，跟鬼谷子先生学习。外出游历多年，弄得穷困潦倒回到家里。兄弟、嫂妹、妻妾都私下

讥笑他，说："周国人的习俗，是治理产业，努力从事工商，追求那十分之二的盈利作为事业。如今您丢掉本行而去耍嘴皮子，穷困潦倒，不也应该嘛！"苏秦听了这些话，很惭愧，自感悲伤，就闭门不出，把自己的藏书找出阅读一遍。说："一个读书人既然已经埋头读书，却不能凭借它获得荣华富贵，即使读书再多又有什么用呢？"于是找到一本周书《阴符》，伏案研读它。过了一年，悉求其真谛，说："这些足可游说当代的国君了。"他求见并游说周显王，可是显王周围的臣子一向熟知苏秦，都瞧不起他，不信任他。

六国合纵成功而同心协力。苏秦做了合纵联盟的盟长，并且担任了六国的国相。苏秦北上向赵王复命，于是经过洛阳，随行的车辆马匹满载着行装，各诸侯派来送行的使者很多，气派比得上帝王。周显王听到这个消息感到害怕，为他清扫道路，并派使臣到郊外迎接慰劳。苏秦的兄弟、妻子、嫂子斜着眼不敢抬头看他，都俯伏在地上，非常恭敬地服侍他用饭。苏秦笑着对嫂子说："为什么你以前对我那么傲慢，现在却对我这么恭顺呢？"他的嫂子伏俯在地上，弯曲着身子，匍匐到他面前，脸贴着地面谢罪说："因为我看到小叔您地位显贵，钱财多啊。"苏秦感慨地叹息说："同样是我这个人，富贵了亲戚就敬畏我，贫贱时就轻视我。何况一般人呢！假使我当初在洛阳近郊有二顷良田，我难道还能佩带上六个国家的相印吗？"当时他就散发了千金，赏赐给亲戚朋友。当初，苏秦到燕国去，向人家借一百钱做路费，到现在获得富贵，用一百金（一百万钱）偿还那个人。并且报答了以前所有对他有恩德的人。他的随从人员中，唯独有一个人没得到报偿，就上前去自己申说。苏秦说："我不是忘了您，当初您跟我到燕国去，在易水边上，您再三要离开我，那时，我正困窘不堪，所以我深深地怨恨您，因此把您放在最后，您现在也可以得到赏赐了。"

齐宣王去世，湣王继位，苏秦就劝说湣王把葬礼办得铺张隆重用来表明自己的孝道，高高地建筑宫室大规模地开辟园林，以表明自己得志，打算使齐国破败，从而有利于燕国。燕易王去世，燕哙登基做了国君。此后，齐国大夫中有许多人和苏秦争夺国君的宠信，因而派人刺杀苏秦，苏秦当时没死，带着致命的伤逃跑了。齐王派人捉拿凶手，然而没有抓到。苏秦将要死去，便对齐王说："我马上就要死了，请您在街市上把我五马分尸示众，就说'苏秦为了燕国在齐国谋乱'，这样做，刺杀我的凶手一定可以抓到。"齐王就按照他的话做了，那个刺杀苏秦的凶手果然自动出来了，齐王因而就把他杀了。燕王听到这个消息说："齐国为苏先生报仇，做法也太过分了……"

太史公说：苏秦兄弟三人，都是因为游说诸侯而名扬天下，他们的学说擅长于权谋机变。而苏秦承担着反间计的罪名被杀死，天下人都嘲笑他，讳忌研习他的学说。苏秦由普通百姓起家，终于联络六国合纵相亲，这说明他有过人之处。所以，我列出他的经历，按着正确的时间顺序加以陈述，不要让他只蒙受不好的名声。

题二答案

一、国学知识填空

1. 婵娟、嫦娥：<u>月亮</u>

2. 汗青：<u>史册</u>

3. 伉俪：<u>夫妻</u>

4. 伛偻、黄发：<u>老人</u>

5. 提携、垂髫：<u>小孩</u>

6. 庙堂：<u>朝廷</u>

7. "四书"：《<u>论语</u>》《中庸》《大学》《<u>孟子</u>》。

8. "五经"：《诗经》《尚书》《<u>礼记</u>》《<u>周易</u>》《<u>春秋</u>》。

9. 汉字六书：<u>象形</u>、指事、<u>形声</u>、会意、转注、假借。

10. 唐宋古文八大家：韩愈、<u>柳宗元</u>、苏轼、苏洵、苏辙、<u>欧阳修</u>、<u>王安石</u>、曾巩。

11. 中秋：八月十五，<u>赏月</u>，思乡

12. <u>重阳</u>：<u>九月初九</u>，登高，插茱萸免灾

13. 而立之年：指<u>三十岁</u>

14. 及笄：指女子<u>十五岁</u>；

15. 加冠：指男子二十岁（又"<u>弱冠</u>"）。

16. 不惑之年：指<u>四十岁</u>。

17. 花甲之年：指<u>六十岁</u>。

18. 古稀之年：指<u>七十岁</u>。

19. 耄耋之年：指<u>八九十岁</u>。

20. 期颐之年：<u>一百岁</u>。

二、选择题

1. B   2. D   3. A   4. C   5. A

三、诗歌鉴赏

（一）1. B   2. A

3. 第一首借助青松和绿蕙的长短是天定的，有命数的，不可改变的，来类比联想到人生的通达和困顿也是天定的，表达作者知天命的观点；第二首借助竹没有椿树长寿却比槿花长寿，来表达作者知足的观点。

【分析】

1. 本题考查学生识记古代文化常识的能力。

标题中的"齐物"，是春秋、战国时老庄学派的一种哲学思想。认为宇宙间一切事物，如生死寿夭、是非得失、物我有无，都应当同等看待。这一思想，集中反映在庄子的《齐物论》中。老庄是道家学派。故选 B。

2. 本题考查理解诗歌内容的能力。

A 项，"绿蕙高度比青松矮了数寸"错误，这句话是分别叙述青松高百尺，而绿蕙只有数寸低，并不是绿蕙比青松矮了数寸。故选 A。

（二）4. C

5. B

6. "过"字看似平实自然，实则巧妙，它将黄莺及啼叫声、落花组

合在一起，给读者带来多重想象空间，如黄莺啼叫着飞过落花，黄莺的啼叫声穿过落花等，进而引发诗人伤春惜时的感慨。

四、文言文阅读

1.（1）效法，效仿，以……为准则

（2）代理，执掌，暂代……职务

2.（1）A　　（2）C

3.齐国的官员上前回答说："君子有了过失就用实在的东西来道歉，小人有了过失就用空虚的文辞来道歉。大王如果痛心悔过，那么就用实在的东西来道歉。"

4.鲁以君子之道辅其君 / 而子独以夷狄之道教寡人 / 使得罪于鲁君 / 为之奈何

5.（1）孔子第一句话是对鲁定公所说，先用整句表明文事必有武备，然后又援引旧例，增强说服力，三个"必"字连用，充满着坚决强烈的语气。（2）面对齐景公不断的无理挑衅，孔子的语气越来越严厉：第一次，先申明是好会，再直斥齐国所奏之乐为夷狄之乐，最后则是强烈的质疑；第二次，则是更为强烈的祈使语气。（3）无论是面对自己的国君还是齐王，孔子的言论都是既有理，又符合礼。语言描写充分表现了孔子娴于辞令、不惧威权、威重刚毅的特点。

【分析】

1.本题考查理解常见文言实词在文中含义的能力。

（1）"则"，一般是准则的意思，这里是意动用法，以……为准则，也可以引申为效法、效仿。"四方皆则之"，四方的官吏都学着他做。

（2）"摄"有代理的意思，比如"摄政（代君主管理国家）"。"孔子摄相事"，孔子代理典礼会盟的事务。

2．本题考查理解常见文言实词和虚词在文中含义的能力。

（1）"更立其庶孽阳虎素所善者"中"更"可以做实词,也可以做虚词,根据前文"欲废三桓之適"可知公山不狃想打算废掉鲁桓公的后代季孙、叔孙、孟孙三家的嫡生嗣子，另外改立平日为阳虎所喜欢的庶子来继承，所以"更"的意思应该是"改"。故选 A。

（2）"及齐平"的"平"本义是和平的意思，这里用作动词，和好的意思。句意为鲁国和齐国和好。故选 C。

3. 本题考查理解并翻译文中的句子的能力。

重点字词："过"，过失；"谢"，道歉；"谢以质"、"谢以文"，状语后置，正常语序为"以质谢"、"以文谢"，用实在的东西来道歉，用空虚的文辞来道歉；"若"，如果；"悼"，这里是痛心悔过的意思。

4. 本题考查文言文的断句能力。

注意这里只要求三处断开，注意大的语义层。"而"表转折，在它前面断开；"使得"是最终造成的结果，与前面内容断开；"为之奈何"意思是对前面造成的结果应该怎么办，在它前面断开。所以正确断句为：鲁以君子之道辅其君 / 而子独以夷狄之道教寡人 / 使得罪于鲁君 / 为之奈何。

画波浪线部分意思是："鲁国是用君子的道理来辅助他们的君主，而你们却仅把夷狄那套歪理告诉了我，害我被鲁君怪罪，这该怎么办呢？"

5. 本题考查鉴赏文本语言的能力。

"第④段用语言描写刻画孔子形象很有表现力，请结合内容具体加以赏析"注意分析的是第④段，着重分析孔子的语言以及这些语言对刻画孔子的形象起到什么作用，即刻画了孔子什么形象。

"孔子摄相事，曰：'臣闻有文事者必有武备，有武事者必有文备。古者诸侯出疆，必具官以从。请具左右司马。'"第一句话是孔子代理典礼会盟的事务，对定公说的，大意是：我听说有非军事活动必须要有军事准备，有军事活动必须要有非军事准备。从前诸侯出国，一定带全了必要的官员随行。请你也带左司马右司马一道去。这段话用"臣闻"先委婉阐述道理，即非军事活动必须要有军事准备，接着用"古者诸侯"的事例来佐证自己的观点，具有说服力，三个"必"字语气坚定，不容置疑，也显示出事情的重要性，所以定公采纳了孔子的建议。语言描写表现了孔子娴于辞令、心细如发、考虑周全、深谋远虑的特点。

"吾两君为好会，夷狄之乐。何为于此！请命有司！"第二句是在两国国君相会，齐国奏四方之乐带有挑衅威慑的意味，先申明是"好会"，提醒齐国注意场合，再直斥齐国所奏之乐为夷狄之乐，不宜出现在这种友好的两国君主相会的场合。"何为于此"则是强烈的质疑，"请命有司"请求命令管事官员叫他们下去！"匹夫而营惑诸侯者罪当诛！请命有司！"第三句是面对齐国变本加厉，用优倡侏儒表演来挑衅鲁国时说的，这次孔子语气严厉，直接斥责这是惑乱诸侯的恶行为应当被诛杀，并请求立即执行。这些都有效震慑住了齐景公。这些语言都表明孔子严于礼法、不惧威权、威重刚毅、娴于辞令的特点。

参考译文：

鲁定公八年，公山不狃不满于季氏就借着阳虎来作乱，打算废掉鲁桓公的后代季孙、叔孙、孟孙三家的嫡生嗣子，另外改立平日为阳虎所喜欢的庶子来继承，于是就把桓子抓了起来。桓子用计骗他，逃了出来。定公九年，阳虎计划失败，逃到齐国去。这个时候，孔子正好五十岁。

公山不狃以费邑做据点反叛季氏，派人来召孔子去帮忙。孔子心想自己依循正道而行已经很久了，内在的学养也很深厚，却无处可以表现，没有人能用自己，不禁说道："大抵周文王、武王当年是以丰、镐那么小的地方建起王业的；现在费邑虽然是小了点，该也差不多吧！"想要应召前去，子路很不高兴，劝止孔子。孔子说："难道召我去是毫无作用吗？如果他真能用我，我将像文王、武王一样，在东方建立一个典礼完备的周啊！"然而最后也没有成行。

后来鲁定公任命孔子做中都（在今山东汶上县）地方的行政长官，才到职一年就很有绩效，四方的官吏都学着他做。孔子由中都宰升任做司空，又由司空升任了大司寇。

定公十年的春天，鲁国和齐国和好。到了夏天，齐国的大夫黎鉏对景公说："鲁国用了孔丘，照情形看，这是会危害齐国的。"于是派了使者去约鲁君举行和好的会盟。会盟的地点是在夹谷（今山东莱芜县）。鲁定公准备乘坐乘车（又称"安车"，非兵车，较为舒适），毫无武装地前往。孔子代理典礼会盟的事务，对定公说："我听说有非军事活动必须要有军事准备，有军事活动必须要有非军事准备。从前诸侯出国，一定带全了必要的官员随行。请你也带左司马右司马一道去。"定公说："好的。"就带了左右司马出发，和齐侯在夹谷地方相会。这个地方筑了土台，台上备好席位，上台的土阶有三级。两君就在台前行了相见礼，作揖礼让了一番才登上台。双方馈赠应酬的仪式行过之后，齐国管事的官员快步上前说："请开始演奏四方的舞乐。"景公说："好吧。"于是演员们手持旄旗羽毛和各种兵器大呼小叫地涌上来。孔子快步上前，一步一阶往台上走，在还差一阶没有跨上的地方停下来，举袖一挥，说道："我们两国君主举行和好的会盟，这种夷狄的野蛮舞乐怎么能出现在这里！请命管事官员叫他们下去！"管事的叫他们退下，他们却不肯动，朝左右两边看晏子和景公的眼色。景公心里惭愧，就挥手让他们离开。过了一会儿，齐国管事官员又快步上前说道："请演奏宫中的女乐。"景公应说："好的。"于是许多戏子矮人都表演着前来。孔子又快步上前，一步一阶往台上走，在还差一阶没有跨上的地方停下来，说道："一个普通人敢胡闹来迷乱诸侯，论罪是应该正法的，请下令管事的执行吧！"于是管事官员依法处罚，那受罚的人就手脚分离了（谓腰斩）。景公不由得敬畏动容，知道自己道理上不如他，回国之后心里非常不安，对众臣说："鲁国是用君子的道理来辅助他们的君主，而你们却仅把夷狄那套歪理告诉了我，害我被鲁君怪罪，这该怎么办呢？"主事的官吏上前回话说："君子有了过错，用实际行动来谢罪；小人有了过错，用虚礼文辞来谢罪。君上如果对会盟的表现感到痛心，就用实际行动谢罪吧。"于是齐侯就把以前从鲁国侵夺来的郓、汶阳和龟阴的田还给鲁国，来表示自己的歉疚。

（测试题及答案由黄玉梅老师提供）

参考书目

南怀瑾：《论语别裁》,《南怀瑾选集》第一卷,复旦大学出版出版社,2011 年版。

南怀瑾：《原本大学微言》,《南怀瑾选集》第十卷,复旦大学出版社,2011 年版。

方立天：《中国古代哲学》（上下）,《方立天文集》第 5 卷,中国人民大学出版社,2006 年版。

汤一介、李中华主编：《中国儒学史》先秦卷,王博著,北京大学出版社,2011 年版。

汤一介、李中华主编：《中国儒学史》明代卷,张学智著,北京大学出版社,2011 年版。

汤一介、李中华主编：《中国儒学史》宋元卷,陈来、杨立华、杨柱才、方旭东著,北京大学出版社,2011 年版。

冯友兰著、赵复兰译：《中国哲学简史》,天津社会科学院出版社,2005 年版。

柯继民主编：《四书五经全译》（一、二、三、四）,天津社会科学院出版社,2002 年版。

星云大师总监修,蔡孟桦、腾歌编：《献给旅行者 365 日》,人民出版社,2015 年版。

《道德经讲义》,王孺童讲解,中华书局,2013 年版。

乐胜奎、李晓溪编著：《中国文化元典选读》,崇文书局,2016 年版。

王弼注、楼宇烈校释：《老子道德经注》,中华书局,2011 年版。

黄德宽：《书同文字——汉字与中国文化》,江苏人民出版社,2017 年版。

程章灿、许勇：《书史纵横——中国文化中的典籍》，江苏人民出版社，2017年版。

张峰屹：《九流十家——思想的争鸣》，江苏人民出版社，2017年版。

闫广芬：《君子之学——养成圣贤的教育传统》，江苏人民出版社，2017年版。

赵益、王楚：《抱朴归真——道教的修炼》，江苏人民出版社，2017年版。

徐兴武：《龙凤呈祥——中国文化的特征、结构与精神》，江苏人民出版社，2017年版。

李翔海：《内圣外王——儒家的境界》，江苏人民出版社，2017年版。

王子今：《王霸之道——礼法并重的政治制度》，江苏人民出版社，2017年版。

周德丰、李承福：《仁义礼智——我们心中的道德法则》，江苏人民出版社，2017年版。

《中华优秀传统美德十讲》编写组编：《中华优秀传统美德十讲》，江苏凤凰教育出版社，2020年版。

楼宇烈：《中国文化的根本精神》，中华书局，2016年版。

李泽厚：《论语今读》，中华书局，2015年版。

明·袁了凡：《了凡四训》，中华书局，2013年版。

王文锦译著：《大学中庸译注》，中华书局，2008年版。

陈鼓应注译：《老子今注今译》，商务印书馆，2003年版。